Ofenfrisch und korngesund

Brot und Brötchen

Herausgegeben von
Isabella Diatta

Inhalt

Abkürzungserklärungen:

EL	=	Eßlöffel
TL	=	Teelöffel
ml	=	Milliliter
cl	=	Zentiliter
g	=	Gramm
kg	=	Kilogramm
ca.	=	circa
Msp.	=	Messerspitze
Bd.	=	Bund
P.	=	Päckchen
TK...	=	Tiefkühl...
°C	=	Grad Celsius
Min.	=	Minute(n)
Std.	=	Stunde(n)
Ø	=	Durchmesser

Vorwort

Brot gehört weltweit zu den wichtigsten Grundnahrungsmitteln. Dabei ist Deutschland das „Brotland Nummer Eins", nahezu 2000 Brotsorten sind heute im Handel. Denn jede Region und jedes Bundesland hat seine Brotspezialitäten, deren Herstellung mit einer langen Backtradition verbunden ist. Zählt man die vielen verschiedenen pikanten Gebäckarten hinzu, wird das Angebot an Brot und Brötchen schier unübersichtlich. Von der altbewährten, aus herkömmlichem Hefeteig hergestellten Semmel, wie dieses Gebäck im Süden des Landes genannt wird, über zahlreiche Variationen mit Mohn, Sesamsamen, Kürbiskernen und Haferflocken bis hin zu Vollkorn- und Müslibrötchen – deutsche Bäckereien bieten für jeden Geschmack und jede Gelegenheit das passende Gebäck. Globetrotter, die gerne und viel reisen, vermissen bei ihren kulinarischen Erfahrungen in anderen Ländern daher in der Regel am meisten die Vielfalt an Brot und Brötchen, die sie von Zuhause gewohnt sind.

Für die Generation unserer Großeltern war das Brotbacken noch eine Selbstverständlichkeit. Es ist von alters her Frauensache, lediglich beim mühsamen Kneten des Teiges wurden die Männer hin und wieder zur Hilfe aufgefordert. Auf großen Bauernhöfen wurde in Abständen von 2 Wochen Brot gebacken. Der Teig für zehn bis zwölf Brotlaibe mußte dann in großen Trögen gründlich verarbeitet werden, eine Tätigkeit, die für die Bäuerin und ihre Mägde zur Schwerstarbeit gehörte. Daher ist es nur verständlich, daß man hierzu Manneskraft benötigte. Wenn der Hof über keinen eigenen

Backofen verfügte, wurden die Laibe zum Bäcker gebracht, der sie gegen geringes Entgelt in seinem Ofen buk. In manchen Heimatmuseen findet man heute noch Brotstempel. Mit diesen wurden die Laibe vor dem Backen „gestempelt", das heißt gekennzeichnet, damit der Eigentümer der gemeinschaftlich gebackenen Brote eindeutig identifiziert werden konnte. In Städten besaß jede größere Familie einen Brotstempel.

Im letzten Jahrzehnt ist es wieder modern geworden, sein Brot selbst zu backen. Der Trend zu einer gesünderen Ernährung ist daran nicht unmaßgeblich beteiligt; denn durch die eigene Zusammenstellung der Zutaten kennt man auch die Inhaltsstoffe des selbst gebackenen Brotes genau. Sie können Ihr Brot gemäß Ihren Vorlieben, Geschmacksrichtungen und nach ernährungsphysio-

logischen Gesichtspunkten herstellen. Brotbacken ist gar nicht so aufwendig oder schwierig, wie Sie vielleicht vermuten. Sie müssen sich dabei nur an einige Grundregeln halten. Im Einleitungsteil des vorliegenden Buches finden Sie viele wertvolle, warenkundliche Informationen, und die Rubrik „Tips zum Brotbacken" auf den Seiten 18 und 19 klärt Sie über die häufigsten Pannen beim Brotbacken und deren Abhilfe auf. Zögern Sie also nicht, und probieren Sie eines der 126 Rezepte dieses Buches aus!

Viel Spaß beim Brotbacken wünscht Ihnen Ihre

Isabella Diatta

Kleine Geschichte des Brotes

Der Werdegang des Kornes zum Brot ist eng mit der Menschheitsgeschichte verbunden. Anbau und Kultivierung von Getreide fällt mit dem Beginn der ersten menschlichen Siedlungen zusammen, als die vormaligen Jäger und Sammler seßhaft wurden. In dieser grauen Vorzeit wurde zwischen Steinen grob gemahlenes, mit Wasser angerührtes Getreide roh oder leicht erhitzt genossen. Je nach Region wurde dieser Getreidebrei mit Weizen, Hafer, Roggen, Gerste oder Hafer hergestellt. Später ging man dazu über, den Brei mit weniger Wasser anzurühren und den entstandenen Teig in heißer Asche oder auf heißen Steinen zu backen. Auf diese Weise entstanden Fladen, die in steinzeitlichen Pfahlbauten noch gut erhalten gefunden wurden. Diese Fladen konnten jedoch nur warm gegessen werden, sobald sie erkaltet waren, wurden sie steinhart und ungenießbar. Ungelockertes und ungesäuertes Brot wurde in Europa lange Zeit zubereitet, die eigentlichen „Erfinder" des Brotbackens waren die Ägypter.

Fruchtbares Land am Nil

Auf dem ausgedehnten Schwemmland entlang des Nils wurde der Getreideanbau bereits Jahrtausende vor Christi Geburt betrieben. Die fruchtbare, schwarze Erde ermöglichte jedes Jahr reiche Ernten und das hochkultivierte, alte Ägypten wußte mit dieser Ausbeute etwas anzufangen. Man ließ den angerührten Getreidebrei einfach längere Zeit stehen. Begünstigt durch das warme Klima begann der Teig zu säuern und auf diese Weise entstand der Sauerteig. Wie alte Schriften bestätigen, kannte man vor 4000 Jahren in Ägypten etwa 30 verschiedene Brotarten. Brote, die den Toten als Grabbeigabe mitgegeben wurden, wurden in der Form von Tieren oder Pflanzen gebacken, die Brote, die für die Lebenden bestimmt waren, waren dreieckig, kegel- und halbkegelförmig, flach und rund sowie viereckig. Während seiner 31-jährigen Regierungszeit soll Ramses III (12. Jahrhundert v. Chr.) die Tempel mit insgesamt 6 Millionen Broten und nahezu 300.000 Kuchen beliefert haben. Brot hatte im alten Ägypten eine so große Bedeutung, daß es als Zahlungsmittel eingesetzt wurde. Lange Zeit wurde Arbeitslohn in Form von Broten gezahlt. Dabei erhielt ein einfacher Bauer drei Brote und zwei Krüge Bier am Tag, ein Tempelpriester bekam jährlich 360 Krüge Bier, 900 feine Weizenbrote und 36.000 in der Asche geröstete Fladen. *(Quelle: H.E. Jacob: Sechstausend Jahre Brot, Hamburg, 1954)*

Brot als Gottesgabe

In Griechenland kannte man lange Zeit nur den eingangs beschriebenen Fladen. „Und die ehrbare Schaffnerin kam und tischte das Brot auf" heißt es im 1. Gesang von Homers im 8. Jahrhundert v. Chr. entstandener „Odyssee". Etwa um diese Zeit haben die Griechen vermutlich von den Ägyptern das gesäuerte Brot kennengelernt. Bis dahin mußten sich die Helden der griechischen Sagen mit herkömmlichen Weizenfladen begnügen. Laut griechischer

Frauen beim Getreidestampfen, Teigkneten, Brotbacken und Brotverkauf. Böotisch (Mittelgriechenland). 5. Jh. v. Chr. „Sammlung DEUTSCHES BROTMUSEUM"; Ulm

Mythologie sendete die Göttin Demeter einen Königssohn mit einer Weizenähre zu den Menschen, um ihnen die Botschaft des Brotes zu bringen. Als Dank für diese Gottesgabe begingen die Menschen alljährlich einen Festtag zu Ehren Demeters, der mit Brotgaben begangen wurde. Aber auch andere Götter und Göttinnen wurden mit Brotopfern bedacht, um deren Gunst zu erringen. Gesäuertes Brot aus Weizen war den Reichen und hohen Gästen vorbehalten, und selbst diese durften es nur an besonderen Feiertagen verzehren. Sklaven und Arme dagegen mußten mit ungesäuertem Brot aus Hirse, Hafer oder Graupen Vorlieb nehmen.

Brot und Spiele

Die griechische Brotbackkunst wurde um 170 v. Chr. in Rom eingeführt. Als Schöpfer des Brotes wurde Pan (lat. „panis", Brot) verehrt. Im 4 Jahrhundert n. Chr. zählte man in Rom nahezu 250 Bäckereien, die Anzahl der Gebäcksorten dürfte ein vielfaches gewesen sein. Bei Ausgrabungen in Pompeji entdeckte man Bäckereigroßbetriebe, deren Brotproduktion viele Menschen mit Nahrung versorgte. „Panem et circensis", Brot und Spiele, waren im alten Rom ein wichtiger politischer Faktor, die jeweiligen Herrscher sicherten sich auf diese Weise das Wohlwollen ihrer Untertanen. Seit etwa 150 v. Chr. war es üblich, Brot und Getreide an das römische Volk zu verteilen, um etwaigen Aufständen vorzubeugen. Nach altem romulischem Gesetz war die Herstellung des Brotes Sache der Frau. Bäcker gab es in Rom erst um 173 v. Chr.
(Quelle: M. Währen. Unser täglich Brot in der Geschichte und im Volksbrauch, Bern, 1951)

Fahrbarer Backofen. Holzschnitt, altkoloriert. Augsburg, 1483 „Sammlung DEUTSCHES BROTMUSEUM"; Ulm

Von Rom in die ganze Welt

Von den Römern übernahmen schließlich die Völker Nordeuropas die Brotbackkunst. Germanen, Goten, Franken und Angelsachsen bekamen zwischen dem 6. und 8. Jahrhundert v. Chr. Kunde vom Geheimnis des Sauerteigs. Da im nördlichen Europa aufgrund des rauheren Klimas vorwiegend Roggen angebaut wurde, waren Roggenbrote hier sehr verbreitet, im südlichen Europa hingegen gedieh der Weizen.
Bis heute ist das Weizenbrot im Süden Europas vorherrschend. Im Zuge der Verbreitung des Christentums waren es vor allem die Klöster, die die Bäckerei förderten und der späteren Brotvielfalt Vorschub leisteten.
Die enge Verbindung von christlichem Glauben und Brot ist hinlänglich bekannt; Christus ist das Brot des Lebens und das Abendmahl wird mit Brot und Wein bestritten. Das Einritzen eines Kreuzes auf den ungebackenen Laib dient nicht nur dazu, das Brot zum Aufgehen zu bringen, es ist auch symbolische Handlung, die aus Achtung vor der „Gottesgabe" begangen wird.

Getreide und Mehle

Getreide zählt zu den wertvollsten Nahrungsmitteln, die es gibt. Es enthält hochwertiges pflanzliches Eiweiß, Fette, Kohlenhydrate, Ballaststoffe, Vitamine (vor allem der B-Gruppe) und viele Mineralstoffe. Alle diese lebenswichtigen Bausteine sind in den äußeren Randschichten und im Keim des Getreidekornes enthalten.

Buchweizen ist eigentlich kein Getreide, sondern ein Knöterichgewächs. Es wird jedoch wie Getreide verarbeitet. Da die harten Fruchtschalen vor dem Gebrauch entfernt werden müssen, gibt es kein den Brotgetreidearten vergleichbares Buchweizen-Vollkorn-Erzeugnis. Buchweizen enthält kein Klebereiweiß und kann zum Brotbacken nur als Zusatz verwendet werden. Die dreikantigen Samen haben einen nußartigen Geschmack und enthalten hochwertiges Eiweiß. Im Handel ist Buchweizen ganz, geschrotet, gemahlen oder als Flocken erhältlich.

Dinkel gehört zur Weizenfamilie, ist jedoch leichter verdaulich als Weizen. Da Dinkel wie Weizen einen hohen Klebereiweißanteil hat, eignet er sich hervorragend zum Backen. Brote mit einem hohen Anteil an Dinkelmehl schmecken aromatisch und bleiben lange frisch.

Gerste wird als Spelz- und Sprießkorngerste (Nacktgerste) angebaut. Die geschälten Gerstenkörner nennt man Graupen und Perlgraupen. Gerstenmehl wird zum Backen anderer Mehle beigemischt, da das Korn keinen Klebereiweißanteil hat und in Reinform nicht backfähig ist. Als Rollgerste sind sehr grobe Graupen im Handel.

Grünkern nennt man die unreif geernteten Körner des Dinkels, die nach der Ernte geröstet werden. Beim Brotbacken wird er nur als Zusatz verwendet. Gekocht schmeckt er leicht würzig.

Hafer ist die vollwertigste und fettreichste Getreidesorte und hat ein würziges, leicht nußartiges Aroma. Er ist besonders reich an ungesättigten Fettsäuren, Vitaminen, Eiweiß und Mineralstoffen. Die länglichen Körner des Sprießkornhafers (Nackthafers) schmecken gekeimt und gekocht. Beim Backen muß Hafermehl mit Weizenmehl gemischt werden, da Hafer kein Klebereiweiß besitzt. Geschroteter Hafer wird schnell ranzig und ist daher nicht lagerfähig. Die großen, kernigen Haferflocken werden aus dem ganzen Korn gewalzt.

Hirse ist ein Sammelbegriff für verschieden Getreidepflanzen mit kleinen, runden Körnern. Hirse besitzt einen hohen Mineralstoffgehalt und ist besonders reich an Eisen, Kalzium, Silicum, Fluor und Zink. Sie ist stark quellfähig und kann zum Brotbacken nur als Zusatz verwendet werden, da ihr Klebereiweiß fehlt. Brote mit dem Zusatz von Hirsemehl werden besonders knusprig und herzhaft.

Mais enthält als einzige Getreideart größere Mengen an Karotin, der Vorstufe von Vitamin A. In Spezialmühlen werden die Keime von den Körnern schonend abgetrennt und diese zu Maismehl, Maisgrieß sowie Maisgrütze verarbeitet. Daneben werden die reifen Maiskolben des frischen Zuckermais auch als Gemüse verwendet.

Mehle gibt es in unterschiedlichster Form. Die Körner nahezu aller Getreidearten wie Weizen, Roggen, Gerste, Mais und Reis können zu Mehl gemahlen werden. Nach dem Mahlgrad unterscheidet man Auszugs- und Dunstmehl, Grieß und Schrot. Diese werden in „Typen" eingeteilt. Die Typen geben jeweils an, wieviel mg an Mineralstoffen in 100 g Auszugs- und Dunstmehl, Grieß und Schrot enthalten sind. In 100 g Weizenvollkornmehl mit der Type 1700 stecken daher 1700 mg Mineralstoffe. 100 g von Weizenauszugsmehl, dem üblichen weißen Haushaltsmehl, enthalten dagegen nur noch 405 mg. Generell gilt: Je niedriger die Type, desto ärmer an Mineralstoffen ist das Mehl. Die Schalenanteile, die in Mehlen mit hohen Typenbezeichnungen enthalten sind, erhöhen den Eigengeschmack des Mehls. Wenn zum Backen eine besonders leichte, feine Teigmasse benötigt wird, setzt man dem Mehl oft Speisestärke hinzu. Sie mindert die Wirkung des Klebers. Speisestärke wird aus Weizen, Kartoffeln, Mais oder Reis gewonnen. Es gibt sowohl fein- als auch grobkörnige Stärke.

Roggen hat einen hohen Ballaststoffanteil und ist hierzulande das typische Brotgetreide. Er muß vor dem Backen stets gut aufgeschlossen werden, da der Roggenkleber die Brote nicht so luftig werden läßt wie der Weizenkleber. Aus diesem Grund wird Roggenmehl zum Brotbacken mit Sauerteig oder Backferment versetzt und dann mindestens 14 Stunden stehen gelassen, damit sich der Gärungsprozeß in Gang setzen kann. Anschließend kann Roggen wie Weizen verwendet werden.

Weizen steht im Weltgetreideverbrauch an erster Stelle. Hartweizen wird vor allem zur Herstellung von Teigwaren und Grieß verwendet. Weichweizen wird aufgrund seiner guten Backfähigkeit zur Zubereitung von Brot und Gebäck genutzt. Von allen Getreidesorten hat Weizen den höchsten Anteil an Klebereiweiß. Weizenmehle verleihen dem Teig durch ihre starke Quellfähigkeit Stabilität und Lockerung. Weizenkleie besteht hauptsächlich aus den Randschichten des Getreidekorns. Sie ist reich an Ballaststoffen und enthält Eiweiß, Vitamine und viele Mineralstoffe.

Getreide, Schrot und Mehle lagern

Ganze Getreidekörner lassen sich, wenn sie wirklich frisch sind, bei trockener, luftiger Aufbewahrung jahrelang lagern. Abgepackte Ware sollte jedoch immer gut verschlossen werden, um sie vor Schädlingsbefall zu schützen. Kontrollieren Sie Ihre Vorräte regelmäßig, ein einziges, von Schädlingen befallenes Säckchen ruiniert Ihre gesamte Getreideware. Getreideschrot, das heißt grob vermahlenes Getreide, sollte möglichst rasch nach dem Mahlen verbraucht werden. Achten Sie bei abgepacktem Schrot auf das

Haltbarkeitsdatum, Schrot wird nach Verfall des Haltbarkeitsdatums ranzig. Mehle sollten Sie trocken, dunkel und luftig lagern. Mehle keinesfalls in Plastiktüten verpacken, die Verpackung sollte luftdurchlässig sein. Frisch gemahlenes Vollkornmehl ist etwa 2 Wochen haltbar, danach wird es ranzig. Es empfiehlt sich daher, das Getreide kurz vor dem Verbrauch zu kaufen und selbst zu mahlen oder mahlen zu lassen.

1 Mais
2 Milchreis
3 Reis
4 Buchweizen
5 Hirse
6 Gerstengraupen
7 Hafer
8 Gerste
9 Roggen
10 Dinkel
11 Weizen
12 Grünkern

Aufbereitung von Getreide

Aufbereitung von Getreide

Vor der Verwendung muß Dinkel, Weizen, Gerste, Roggen etc. gemahlen werden. In der Regel bieten bereits die Einkaufsquellen eine Möglichkeit, Getreide vor Ort zu mahlen und zu schroten. Wenn Sie jedoch Wert auf Frische legen, sollten Sie Ihr Getreide kurz vor der Verarbeitung in kleinen Mengen mahlen. Hierfür eignen sich Handmühlen,

praktischer und bequemer sind natürlich Mahlvorsätze, mit denen sich manche Küchenmaschinen komplettieren lassen. Die Anschaffung einer Getreidemühle lohnt sich nur, wenn Sie wirklich regelmäßig größere Mengen an frischgemahlenem Korn benötigen. Dabei sollten Sie beachten, daß diese Mehle nur begrenzt haltbar sind. Wenn es Ihnen zu mühsam erscheint, Korn selbst zu mahlen, kaufen Sie Mehle am besten in Bioläden oder Naturkostläden.

Einkauf von ganzen Körnern

Achten Sie bereits beim Einkauf von ganzen Getreidekörnern auf gute Qualität. Wenn Sie frisches Vollkorngetreide kaufen, sollten Sie dabei Markengetreide von namhaften Müllereibetrieben bevorzugen. Solche Produkte sind in der Regel bereits mehrfach gereinigt, trotzdem sollten Sie sich durch Nachfragen vergewissern. Wenn Sie ungereinigtes Getreide direkt ab Bauernhof kaufen, müssen Sie die Körner von Hand verlesen. Nur so lassen sich Steinchen, Unkrautsamen und andere Verunreinigungen sauber von den restlichen Körnern trennen.

Das Mutterkorn

Mutterkorn ist ein dunkelvioletter Pilz, der anstelle eines Getreidekorns wächst. Er bildet sich besonders in feuchten Erntejahren auf Roggen, Weizen, Hirse und Hafer. Dabei ist es völlig gleichgültig, ob das Getreide konventionell oder biologisch angebaut wurde, der Pilz befällt die Getreideähren in dieser Hinsicht unterschiedslos. Mutterkorn ist gegen Pflanzenschutzmittel nahezu resistent. Daher sind Reinigen und Aussortieren immer noch der einzig wirksame Schutz vor dem unerwünschten Pilz. Deshalb sollte Getreide vor dem Mahlen stets auf Mutterkorn hin durchgesehen werden. Wird mutterkornbelastetes Getreide über längere Zeit verzehrt, kommt es zu Vergiftungserscheinungen. Diese äußern sich durch Kopfschmerzen, Krämpfe und Übelkeit.

Eine handbetriebene Getreidemühle.

Der Ausmahlungsgrad

Der Ausmahlungsgrad entscheidet über die Menge der wertvollen Anteile eines Mehles. Ein hoher Ausmahlungsgrad, erkennbar an einer hohen Typenzahl, besagt, daß relativ viel Mehl aus einer bestimmten Getreidesorte gewonnen wurde und daher die Mehlsorte noch viel von den äußeren Randschichten und dem Keimling des Korns enthält. Eine niedrige Typenzahl hingegen weist darauf hin, daß die Randschichten des Korns fast völlig fehlen. Bei diesen Sorten ist demzufolge der Gehalt an Ballaststoffen, Vitaminen und Mineralien entsprechend niedrig.

Vollkornmehl und -schrot haben keine Typennummer, da sie sämtliche Bestandteile des vollen Korns enthalten.

Weizenmehl als ausgemahlenes Fertigprodukt gibt es in folgenden Typen im Handel:
• **Type 405**, auch Auszugsmehl genannt, eignet sich für Feingebäck und Kuchen. In Österreich hat dieses Mehl die Type 480
• **Type 550**, für helle Brötchen und Kleingebäck
• **Type 1050**, für Graubrote
• **Type 1700** ist ein Backschrot, eignet sich für herzhaftes Brot.

Roggenmehl ist in folgenden Typen erhältlich:
• **Type 815**, für etwas helleres Kleingebäck
• **Type 997**, für hellere Roggenbrote
• **Type 1150** für Graubrote
• **Type 1370**, für dunkle Brote
• **Type 1800**, ein Backschrot für kräftige Brote.

Neben dem Ausmahlungsgrad wird Mehl noch danach unterschieden, wie fein es gemahlen ist.

Wenn Sie frisches Vollkorngetreide kaufen, sollten Sie dabei Markengetreide von namhaften Müllereibetrieben bevorzugen.

Der Feinheitsgrad

Schrot entsteht bei der gröbsten Stufe des Mahlens. Schrot enthält alle Bestandteile des Korns, außer dem besonders wertvollen Keim.

Vollkornschrot enthält noch alle Bestandteile des Korns.

Als **griffiges** oder auch als **doppelgriffiges Mehl** werden alle Sorten bezeichnet, die zwar fein gemahlen, aber noch leicht körnig sind.

Mehl wird durch die feinste Mahlstufe erhalten.

Kleie wird nicht aus dem vollen Korn gemahlen, sondern lediglich aus den Randschichten. Sie enthält daher wichtige Ballaststoffe.

Getreideflocken werden beim Brotbacken ebenfalls eingesetzt. Für ihre Herstellung werden Getreidekörner zunächst geröstet, entpelzt, gedämpft und anschließend zwischen beheizten Walzen zerdrückt. Durch diese Behandlungsweise sind Getreideflocken relativ lange haltbar. Zu den bekanntesten zählen nach wie vor Haferflocken, die mittlerweile auch als Vollkornprodukt im Handel sind.

Weitere Backzutaten

Eier werden beim Brotbacken für die Herstellung eines gehaltvollen Hefeteigs benötigt. Sie machen das Gebäck lockerer und saftiger.

Butter, die zum Backen verwendet wird, sollte frisch und von guter Qualität sein. Hochwertige Pflanzenmargarine eignet sich ebenso gut.

Öle wie Olivenöl werden beim Brotbacken als Würze eingesetzt. Achten Sie darauf, daß das Öl kaltgepreßt wurde und lagern Sie es kühl und dunkel.

Zucker ist insbesondere bei der Herstellung von Hefeteigen wichtig. Sie können weißen oder braunen Zucker nehmen.

Honig ist das älteste Süßungsmittel beim Backen und eignet sich vor allem für die Vollwertbäckerei.

Milch und Milchprodukte können anstelle von Wasser als Flüssigkeitsbeigabe für Teige verwendet werden. Sie lockern den Teig und machen ihn aromatischer.

Gewürze und Kräuter verleihen Brot- und Kleingebäckarten ihren besonderen Geschmack. Beliebte Brotgewürze sind Anis, Fenchel, Koriander und Kümmel. Verwenden Sie diese Gewürze möglichst frisch gemahlen. Greifen Sie bei Salz auf jodiertes Speisesalz oder Vollmeersalz zurück, diese sind bekömmlicher als herkömmliches Tafelsalz. Kräuter können Sie getrocknet oder frisch gehackt in den Teig geben.

Nüsse, Kerne und Samen – mit diesen Schätzen der Natur können Sie nahezu jeden Brot- und Gebäckteig anreichern oder das Gebäck vor dem Backen damit bestreuen.

Frische Hefe, auch Bäcker- oder Preßhefe genannt, wird in Würfeln von 42 g angeboten. Sie ist eine Pilzkultur. Damit sie sich entwickeln kann, werden Feuchtigkeit, Wärme (ideal sind etwa 30 °C) und Zucker oder Stärke benötigt.

Trockenhefe besteht aus Extrakten und ist in Tütchen von 7 g erhältlich. Achten Sie auch hier auf das Verfallsdatum, wenn die Trockenhefe zu alt ist, säuert der Teig nicht.

Sauerteig ist bei schweren Teigen, wie solchen aus Roggenmehl, unentbehrlich. In ihm wirken Sauerteighefen und Milchbakterien. Indem dem Brotteig eine bestimmte Menge Sauerteig zugesetzt wird, breitet sich unter Wärmeeinfluß seine Triebkraft auf den ganzen Teig aus. Sauerteig muß dabei länger gehen als Hefeteig. In Reformhäusern und in Bioläden erhalten Sie in Beuteln abgepackten Fertigsauerteig in flüssiger oder in trockener Form.

Backferment ist ein Backtriebmittel aus Honig, Hülsenfrüchten und Getreideschrot. Es stellt eine dem Sauerteig ähnlich Gärhilfe dar und wird in Reformhäusern angeboten.

Backpulver eignet sich für nahezu alle Teigarten, wird aber eher für Kuchen und feines Gebäck als für Brot verwendet. Das Pulver besteht aus Salzen, Natron und Weinstein und läßt den Teig relativ rasch gehen. Beim Brotbacken sind als Lockerungsmittel aber Hefe und Sauerteig vorzuziehen. Für Weizenbrote wird in der Regel Hefe, für Roggenbrote Sauerteig verwendet, der zusätzlich durch Hefe unterstützt werden kann.

Weinsteinbackpulver wird in der Vollwertbäckerei eingesetzt, da es keine Phosphate enthält.

Natron ist Bestandteil des Backpulvers, ist aber auch in Reinform erhältlich. Es wird hauptsächlich zum Backen von besonders schweren Teigen verwendet.

Hirschhornsalz entwickelt seine treibende Kraft erst während des Backvorgangs bei Temperaturen von über 60 °C. Dabei zerfällt es in Kohlendioxid, Wasser und Ammoniak. Da der Ammoniakgeruch bei hohen Teigen nicht verfliegen kann, wird dieses Salz meist nur für flache Gebäcke verwendet.

Pottasche ist ebenfalls ein Salz. Es wird nur für flaches Gebäck verwendet und braucht lange Ruhezeiten, damit das Gebäck wie gewünscht aufgeht.

Küchengeräte

Die meisten Geräte, die Sie zum Brotbacken brauchen, dürften in Ihrer Küche ohnehin vorhanden sein.

• Zunächst benötigen Sie eine geeignete **Arbeitsfläche** oder ein ausreichend großes **Backbrett**. Auf beiden können Sie Mehle mit anderen Zutaten mischen, Teige kneten und formen. Die Arbeitsfläche oder das Backbrett sollten gut und leicht zu reinigen sein. Viele schwere Teige können nicht von der Maschine, sondern müssen mit der Hand geknetet werden.

• Hierfür empfiehlt sich eine **Backschüssel**, die vorzugsweise aus Porzellan oder Keramik sein sollte. Notfalls können Sie auch eine Plastikschüssel nehmen, da in der Schüssel aber auch Sauerteig- und Hefeansätze gehen sollen, ist Plastik nicht sehr gut geeignet. Die in Hefe- und Sauerteig enthaltenen Säuren könnten das Plastik angreifen und der Geschmack des Brotes könnte dadurch beeinträchtigt werden. Achten Sie darauf, daß die Schüssel sehr groß ist, damit Sie den Teig darin problemlos mit beiden Händen kräftig kneten können. In manchen Fällen können Sie sich auch mit einer Salatschüssel aus Keramik oder Porzellan behelfen.

• Zum Anrühren des Ansatzes brauchen Sie hölzerne **Rühr- oder Kochlöffel**, die in Küchenwarenläden in großer Auswahl angeboten werden.

• Zum feinen Abmessen der Zutaten verwenden Sie am besten **Eß- und Teelöffel**, da diese auch in diesem Buch als Maßeinheit zum Einsatz kommen.

• Unentbehrlich für ein exaktes Arbeiten ist eine **Küchenwaage**. Hier gibt es die unterschiedlichsten Ausführungen auf dem Markt. Hochmoderne Geräte sind mit einem computergesteuerten Digitalsystem ausgestattet, eine herkömmliche Zeigerwaage mit Zuwiegeautomatik ist aber zum Brotbacken völlig ausreichend. Achten Sie bei Neuanschaffungen darauf, daß zur Ausstattung der Waage auch eine Schüssel gehört, in der man größere Mengen Mehl abmessen kann.

• Zum Abmessen von flüssigen Zutaten benötigen Sie einen **Meßbecher**, vor allen Dingen, weil die Flüssigkeit beim Brotbacken in der exakt angegebenen Menge zugefügt werden sollte. Sie können auch Mehle mit einem Meßbecher abmessen, dieser kommt an die Genauigkeit einer Waage allerdings nicht heran.

• Zum Rühren und Kneten leichter Teige eignet sich ein **elektrisches Handrührgerät** in einfacher Ausführung. Das heißt mit zwei Quirlen und zwei Knethaken. Das Handrührgerät ist vielseitig einsetzbar, zum Beispiel zum Mixen, Pürieren, und Schlagen von anderen Zutaten.

• Professioneller arbeiten Sie mit einer **Küchenmaschine**, da diese meist über eine größere Drehzahl verfügt als ein Handrührgerät und auch schwerere Teige verarbeiten kann. Neben der Grundausstattung, die in der Regel aus Knethaken, Rühr- und Schlagbesen, Rührschüssel und Spritzschutzdeckel besteht, lassen sich Küchenmaschinen beliebig „aufrüsten". Namhafte Hersteller bieten ein umfangreiches Sy-

stemzubehör an. Vom Durchlaufschnitzler mit Raspel-, Reib- und Schneidscheiben bis zum Fleischwolf mit Reibevorsatz oder Vorsatz für Spritzgebäck, über Mixeraufsatz oder Zitruspresse, bis zur Getreidemühle, es gibt fast keine Zubereitungsart, die nicht mit einer solchen Maschine bewältigt werden kann. Der Kauf eines Getreidmühlenzusatzes lohnt sich zum Beispiel, wenn Sie zwar gerne, aber nicht in steter Regelmäßigkeit Brotbacken. Der Zusatz ist je nach Wahl mit einem Stahl- oder Steinmahlwerk ausgestattet. Das Mahlwerk aus Stahl eignet sich für alle Getreidearten außer Mais. Auch getrocknete Pilze, ölhaltige Samen wie Mohn oder Sesam können Sie mit diesem Mahlwerk verarbeiten. Das Mahlwerk aus Stein mahlt besonders schonend Weizen, Roggen, Nacktgerste, Buchweizen, Reis und Hirse.

• Wenn Sie häufig Brot und Vollkornbrot backen kann sich die Anschaffung einer **Getreidemühle** durchaus lohnen. Sie können zwar das Getreide meist in Naturkostläden oder Reformhäusern mahlen, doch frisch gemahlenes Mehl ist nicht lange lagerfähig und sollte möglichst schnell verbraucht werden. Beim Kauf einer Getreidemühle sollten Sie sich unbedingt fachmännisch beraten lassen, damit das Gerät den Erfordernissen dann auch optimal genügt. Die Unterschiede in Preis und Ausstattung sind sehr groß.

• Es gibt **handbetriebene Getreidemühlen**, die allerdings für das Mahlen von größeren Mengen an Mehl, wie sie für das Brotbacken nötig sind, nicht zu empfehlen sind. Denn der Zeit- und Kraft-aufwand dafür wäre sehr groß. Die-se Mühlen eignen sich für 1–2 Per-sonenhaushalte.

• Bei **elektrischen Getreide-mühlen** können Sie zwischen sol-chen mit Stahl-, Stein- oder Kera-mikmahlwerk wählen. Stahlmahl-werke können, mit Ausnahme von Mais, alle Getreidesorten ohne Schwierigkeiten verarbeiten. Auch alle Ölsaaten können Sie mit einem solchen Mahlwerk schroten. Das Stahlnmahlwerk ist so konstruiert, daß es auch mit schwächeren Moto-ren betrieben werden kann und wird daher in der Regel zusammen mit einem Motorblock geliefert. Steinmahlwerke bestehen aus zwei Natursteinscheiben, zwischen denen die Getreidekörner quetschend zer-rieben werden. Sie sind also die moderne, elektrische Version der Art und Weise, wie Menschen vor Tausenden von Jahren ihr Getreide zerrieben haben. Bei einem derarti-gen Mahlvorgang bleiben die Körner länger zwischen den Scheiben als bei einem Stahlmahlwerk, so daß ei-ne längere und höhere Motorlei-stung in Anspruch genommen wird. Fetthaltige Ölsaaten lassen sich mit einem Steinmahlwerk schlecht oder gar nicht verarbeiten, da das Fett die Natursteinscheiben verkleben kann und die Mühle somit unbrauchbar wird. Die teuersten elektrischen Getreidemühlen haben ein Keramik-mahlwerk. Dieses besteht aus Ton-erde, die bei 2000 °C gebrannt wird und daher härter ist als Edelstahl. Mit einem Keramikmahlwerk kön-nen Sie sämtliche Getreidearten, Ölsaaten und Gewürze verarbeiten. Überlegen Sie sich, wozu Sie Ihr selbstgemahlenes Mehl vorrangig verwenden wollen und lassen Sie sich in einem Fachgeschäft ausführ-lich beraten, bevor Sie sich eine Mühle anschaffen.

Elektrische Getreidemühle mit Steinmahlwerk.

• Während des Backvorgangs soll-ten Sie eine mit Wasser gefüllte, **feuerfeste Schale** in den Ofen stellen. Brote benötigen beim Backen Feuchtigkeit. Sie gehen da-durch besser auf, bekommen einen schönen Glanz und die Teigober-fläche bleibt während des Backens elastisch und reißt nicht. Eine ande-re Methode Feuchtigkeit herzustel-len, besteht darin, die Wände des Backofens vor dem Backvorgang mit einem nassen Tuch zu befeuchten.

• Sie benötigen noch ein **robustes Kuchengitter** oder einen Gitter-rost, auf dem die Brote nach dem Backen abkühlen können. Hinweise zu den verschiedenen Backformen finden Sie auf der Seite 16.

Backformen

Sie können Brot entweder backen, indem Sie den Teiglaib von Hand formen und auf ein Backblech legen, oder Sie nehmen eine Backform zur Hilfe. Dabei können Sie die Formen fürs Brotbacken entweder während des Aufgehens vor dem eigentlichen Backen verwenden oder als Backform, in der das Brot in den Ofen geschoben wird. Um Brot in der Form zu backen, können Sie bereits vorhandene Kastenformen in verschiedenen Größen sowie Springformen verwenden. Diese unterscheiden sich eigentlich nur im Material voneinander.

• **Schwarzblechformen** leiten die Wärme am besten und eignen sich vor allem für Elektrobacköfen. Bäckt man in einem Gasofen, sollte die Temperatur um 10 % reduziert werden, da die Formen im Ofen sehr heiß werden.

• **Weißblechformen** reflektieren die Hitze durch ihre glänzenden Oberflächen stellenweise. Dadurch kann sich die Backzeit um etwa 15 % verlängern. Die Gebäcke bräunen darin weniger stark als in Schwarzblechformen. Diese Formen sind für Gasöfen ideal.

• **Kastenformen aus Eisenguß, Steinkeramik oder Steingut** eignen sich zum Brotbacken besonders gut. Sie speichern die Hitze optimal und das Backgut bräunt entsprechend regelmäßig. Wegen der hohen Hitzespeicherfähigkeit des Materials können Sie den Ofen früher ausschalten und auf diese Weise Strom sparen.

• **Brotbackformen** sind meist breiter als normale Kastenformen. Dadurch verringert sich der Krumenbestandteil des Brotes, also das

Brotinnere, während die äußere Fläche, die Kruste, größer wird. Ob Sie diese Form bevorzugen, hängt ganz von Ihrem persönlichen Geschmack ab. Sie können ebenso gut auf herkömmliche Kastenformen zurückgreifen.

• **Brotbackschalen aus Steinkeramik, Steingut oder Eisenguß** sind erst seit relativ kurzer Zeit auf dem Markt. Sie haben die gleichen, guten Backeigenschaften wie Kastenformen aus diesem Material. Sogar in einem Römertopf können Sie Brot backen.

• **Brotkörbe** werden nicht zum Backen, sondern zum Formen eingesetzt. Der vorgeformte Laib wird in den bemehlten Korb gepreßt, nimmt beim Aufgehen das Korbmuster an und wird dann zum Backen auf ein Blech gestürzt. Korbbrote, die ein kreisförmiges Muster aufweisen, sehen besonders hübsch aus. Die runden oder länglichen Körbe bestehen aus Weidengeflecht oder aus Peddingrohr und sind je nach Modell grob oder fein geflochten. Brotkörbe erhalten Sie in gut sortierten Küchenwarenläden oder direkt bei der Ihnen nächstgelegenen Bäckerinnung.

Um einem Teiglaib während des Aufgehens Form zu geben, können Sie auch einen Tortenring verwenden, den Sie vor dem Einschieben des Backgutes in den Ofen wieder abheben, der Rand einer Springform erfüllt ebenfalls diesen Zweck.

Verschiedene Backformen.

Herde

Die genaue Kenntnis Ihres Herdes ist eine wichtige Voraussetzung für Ihre Backresultate. Denn obwohl Elektro- als auch Gasherde nach ähnlichem Prinzip arbeiten, hat jede Herdart ihre speziellen Eigenheiten. Es ist deshalb empfehlenswert, daß Sie sich die Gebrauchsvorschriften des jeweiligen Herstellers genau durchlesen. In den Rezepten des vorliegenden Buches sind Backtemperaturen und Backzeiten angegeben. Die Backzeit kann jedoch nur ein Anhaltspunkt sein, da die Temperaturregler der Backöfen nicht geeicht sind und die Öfen deshalb die eingestellte Temperatur entweder nicht erreichen oder sie sogar übersteigen können. Die Backzeiten können sich daher im Einzelfall verlängern oder verkürzen.

Moderner Elektroherd mit Digitalanzeige.

Elektroherd

Der Elektroherd ist der häufigste Herdtyp in unseren Haushalten. Sein Backofen funktioniert mit Strahlungshitze, das heißt mit Ober- und Unterhitze. Hierbei wird die Hitze von oben und unten auf das Backwerk gestrahlt. Bei manchen Modellen kann man die Ober- und Unterhitze auch einzeln nutzen, dies kommt aber nur beim Sterilisieren (Unterhitze) und beim überbacken oder Grillen (Oberhitze) in Frage.

Heißluftherd

Bei Heißluftöfen wird die Luft über Heizkörper in der Rückwand erhitzt und durch einen Ventilator ins Gerät geblasen. Durch die gleichmäßige Hitze kann auf mehreren Ebenen gleichzeitig gebacken werden.

Gasherd

Wie beim Elektrobackofen kann die Temperatur beim Gasbackofen stufenlos über einen Thermostat geregelt werden. Wenn Sie dunkle Backformen benutzen, muß die Backhitze um etwa 10 % reduziert werden.

Backtemperaturen

Die in diesem Buch angegebenen Backtemperaturen beziehen sich immer auf einen Elektroherd. Der Ofen sollte beim Einschieben des Backgutes bereits auf die gewünschte Backtemperatur vorgeheizt sein. Diese Zeit müssen Sie beim Arbeitsablauf berücksichtigen, sie ist bei jedem Ofen unterschiedlich. In der Regel benötigen Elektroherde etwa 15 Minuten, um Temperaturen zwischen 180 und 240 °C zu erreichen. Gasherde dagegen sind nach wenigen Minuten aufgeheizt. Hier finden Sie eine Umrechnungstabelle für Gasbacköfen:

Temperatur	Gasbackofen mit 10 Stufen
120 °C	Stufe 1
150 °C	Stufe 2–3
180 °C	Stufe 4
210 °C	Stufe 5–6
240 °C	Stufe 7

Tips zum Brotbacken

Beim Brotbacken ist es dringend erforderlich, genau nach Rezept vorzugehen, um ein Mißlingen zu vermeiden. Beim Bereiten des Brotteigs sollte alles zügig gehen. Daher beginnen Sie am besten damit, alle Zutaten und Geräte, die Sie benötigen, bereitzustellen. Die Zutaten sollten schon fertig abgemessen sein und Raumtemperatur haben.

Kneten des Teiges

Beim Kneten von schweren Teigen aus Roggen- und Vollkornmehl kann es vorkommen, daß die Leistung des Rührgeräts oder der Küchenmaschine nicht ausreicht. Dann müssen Sie den Brotteig mit den Händen kneten. Dazu umfassen Sie den zu einem Ball geformten Teig mit beiden Händen und drücken von der Mitte aus mit den Handballen gegen die Arbeitsfläche nach außen. Dann schlagen Sie eine Teighälfte über die andere und wiederholen diesen Vorgang mehrfach. Den Teigball müssen Sie dabei immer wieder drehen, damit er an allen Ecken und Enden durchgearbeitet wird. Wenn Sie sich die Hände vor dem Kneten mit etwas neutralem Pflanzenöl einreiben, kleben auch sonst schwer knetbare Teige nicht an den Händen. Solange der Teig, was am Anfang stets der Fall ist, noch klebrig ist, können Sie Hände und Arbeitsfläche auch mehrmals mit Mehl bestäuben oder dünn bestreuen. Dabei sollten Sie das Mehl vorsichtig dosieren, damit der Teig nicht zu trocken wird. Der Teig wird so lange bearbeitet, bis er sich leicht von der Arbeitsfläche lösen läßt und eine feste und zugleich geschmeidige Beschaffenheit hat.

Gehen des Teiges

Zum Gehen wird der Teig in eine Schüssel gelegt, deren Boden mit Mehl dünn bestreut wurde, und mit einem Küchentuch abgedeckt. Das Aufgehen des Teiges erfolgt entweder bei Zimmertemperatur (etwa 24 bis 30 °C) oder an einem warmen Platz. Sie können ihn neben eine Heizung stellen oder in den auf 40 °C vorgeheizten Backofen. Die Backofentür sollte dabei einen Spalt offen bleiben. Ideal zum Gehen sind 35 bis 40 °C, diese dürfen aber keinesfalls überschritten werden. Die Flüssigkeit, in der die Hefe aufgelöst wird, sollte wirklich nur handwarm sein, ab 45 °C werden die Hefezellen abgetötet. Die Zeit zum Gehen richtet sich nach dem Triebmittel: Hefeteige benötigen etwa 1 Stunde, und verdoppeln während dieser Zeit Ihr Volumen. Sauerteige hingegen brauchen bis zu 20 Stunden.

Die Kruste

Damit das Brot eine schöne Kruste bekommt, wird es mit einem scharfen, spitzen Messer entweder diagonal eingeschnitten oder mit beliebigen Mustern versehen. Sehr flache Brote können auch mit einer Gabel mehrmals eingestochen werden. Wer Brote mit goldgelber Kruste wünscht, streicht deren Oberfläche mit einem verquirlten Eigelb oder mit Milch ein. Danach sollte das geformte Brot je nach Teigart und Größe noch einmal an einem warmen Ort zwischen 1/4 und 3/4 Stunden gehen. Besprühen oder bestreichen Sie es, bevor es in den Backofen geschoben wird, noch leicht mit Wasser.

Das Backen

Sofern nicht anders angegeben, backen Sie Brot auf der unteren und Brötchen auf der mittleren Einschubleiste Ihres Ofens. Das Brot ist dann fertig, wenn es eine schöne Kruste hat und es hohl klingt, wenn man auf den Boden des Laibes klopft. Ist das Geräusch eher dumpf, muß das Brot nachgebacken werden. Dazu besser mehrmals kurz nachbacken und zwischendurch eine Klopfprobe machen, als einmal zu lange backen. Denn dadurch könnte das Brot hart werden. Lassen Sie es auf einem Gitterrost auskühlen. Hefebrote sollten vor dem Anschneiden etwa 4 Stunden, Sauerteigbrote etwa 24 Stunden liegenbleiben. Brötchen und Fladen können frisch serviert werden.

Die häufigsten Pannen beim Brotbacken

• Wenn Ihr Brot zuwenig aufgeht, kann das mehrere Ursachen haben:
– Die Hefe hatte nicht mehr genügend Triebkraft, weil sie zu lange gelagert wurde.
– Die Hefe wurde beim Anrühren „überhitzt", das heißt in einer Flüssigkeit (Wasser, Milch, Buttermilch etc.) aufgelöst, die über 45°C warm war und dadurch abgetötet.
– Der Teig wurde nicht lange genug geknetet, die Mindestknetzeit beträgt 10 Minuten.
– Der Teig stand beim Gehen zu kühl.
– Der Teig enthält zuwenig Flüssigkeit. Die Mengenangaben für Flüssigkeit in den Rezepten können nur ein ungefähres Maß darstellen, weil

Grundzutaten zum Bereiten eines Hefeteigs.

die optimale Flüssigkeitszufuhr von der Qualität des verwendeten Getreides abhängt.

• Wenn das Brot auseinander reißt, kann dies zwei Gründe haben:
– Der Teig wurde nicht lange genug geknetet.
– Sie haben vergessen, eine feuerfeste, mit Wasser gefüllte Schale vor dem Backen in den Ofen zu stellen, so daß sich während des Backens kein Wasserdampf entwickeln konnte. Bei Misch- und Weizenbroten wird die Schale mit kaltem Wasser gefüllt, bei Roggenbroten und solchen aus schweren Teigen sollten

Sie heißes oder kochend heißes Wasser in die Schale geben.

• Wenn das Brot beim Backen zusammengefallen ist, gibt es zwei mögliche Ursachen:
– Das Brot ist zu lange gegangen.
– Das Brot stand beim Gehen an einem zu kühlen Ort.

• Wenn das Brot beim Backen auseinander läuft und zu flach wird, können Sie folgende Fehler begangen haben:
– Der Teig war zu weich und hätte besser in einer Brotform gebacken werden sollen.

– Sie haben den Teig nicht lange genug geknetet.
– Der Teig ist zu lange gegangen.
– Der Teig hätte besser in den vorgeheizten Backofen geschoben werden sollen.

• Wenn das Brot sehr stark krümelt, hätten Sie vor dem Backen Folgendes beachten sollen:
– Der Teig war zu fest und enthielt zu wenig Flüssigkeit.
– Sie haben den Teig nicht lange genug geknetet.
– Der Teig hätte besser in den vorgeheizten Backofen geschoben werden sollen.

Hefeteig

Grundsätzliches zum Hefeteig

Wie der Name schon sagt, bildet Hefe den wichtigsten Bestandteil beim Hefeteig. Sie lockert den Teig und dehnt ihn aus. Die Hefezellen können nur wirken, wenn man ihnen die richtigen Lebensbedingungen schafft, das heißt Temperaturen um 37 °C und Nahrung. Die Nahrung besteht hier aus Zucker oder Stärke, die die Hefezellen unter anderem in Kohlendioxid umwandeln. Das Kohlendioxid treibt den Teig nach oben und sorgt für die Luftigkeit des Teiges. Damit dieser Prozeß richtig in Gang kommen kann, wird die dementsprechende Zeit dafür benötigt. Deshalb muß der Hefeansatz immer „gehen", bevor er mit den übrigen Teigzutaten weiterverarbeitet werden kann. Sie können Hefeteige sowohl mit frischer Hefe als auch mit Trockenhefe zubereiten. Die frische Hefe ist der trockenen aber vorzuziehen, Sie erzielen damit die besseren Backresultate. Der Hefeansatz wird mit lauwarmen Flüssigkeiten (Wasser, Buttermilch, Milch)und unter Umständen mit etwas Zucker angerührt. Die Flüssigkeit muß unbedingt lauwarm sein, damit die Hefezellen gleich auf die richtige Temperatur gebracht werden. Die Temperatur ist bei der Zubereitung überhaupt ausschlaggebend. Achten Sie darauf, daß alle Zutaten gleichmäßig warm sind. Sollten Sie also Ihr Mehl kühl aufbewahren, lassen Sie es gut 2 Stunden vor der Verwendung Zimmertemperatur annehmen. Margarine oder Butter müssen vor dem Zugeben geschmolzen werden und auch die Eier sollten nicht zu kühl, sondern zimmerwarm sein.

GRUNDREZEPT
Hefeteig

Für etwa 1 kg Teig
Zubereitungszeit
ca. 30 Min.
Zeit zum Gehen
ca. 1 Std. 15 Min.

500 g Weizenmehl Type 550
35 g frische Hefe (ca. 3/4 Würfel)
300 ml lauwarme Milch
1 TL Zucker oder flüssiger Honig
1 Prise Salz
1 Ei
1 Eigelb
70 g Butter

So wird's gemacht
1. Das Mehl in eine Schüssel geben und in die Mitte eine Mulde hineindrücken. Die Hefe in die Mulde bröckeln(Foto 1).
2. Die lauwarme Milch zur Hefe gießen (Foto 2), den Zucker oder den Honig hinzufügen und das Ganze mit etwas Mehl vom Rand mit einem Rührlöffel zu einem Brei verrühren (Foto 3).
3. Die Schüssel in einen Plastikbeutel schieben oder mit Klarsichtfolie überziehen und mit einem Küchentuch bedecken (Foto 4). Den Hefeansatz einem warmen Ort (ca. 40 °C) 20 bis 25 Minuten gehen lassen. Die Gehzeit beträgt 15 Minuten. Der Ansatz sollte sein Volumen in dieser Zeit verdoppelt haben und Blasen werfen.
4. Den Vorteig mit etwas Mehl vom Rand bestäuben und das Salz dazugeben. Die Butter schmelzen und abkühlen lassen, bis sie handwarm ist. Zusammen mit dem Ei und dem Eigelb zum Mehl geben (Foto 5).

5. Alles mit einem Rührlöffel zu einem Teig vermengen. Den Teig kräftig kneten oder schlagen, bis er sich vom Schüsselrand löst, glatt und trocken ist (Foto 6). Ist der Teig zu fest, noch etwas Milch hinzufügen, ist er zu weich, etwas Mehl dazugeben.

Foto 1

Foto 2

Foto 3

6. Mit bemehlten Händen zu einer Kugel formen und auf einer mit Mehl bestreuten Arbeitsfläche in etwa 10 bis 15 Minuten zu einem glatten, geschmeidigen Teig kneten. Erneut zur Kugel formen (Foto 7), diese mit Mehl bestäuben und in eine Schüssel legen.

7. Die Schüssel mit einem Küchentuch bedecken und den Teig an einem warmen Ort nochmals 20 bis 25 Minuten gehen lassen, bis sich sein Volumen verdoppelt hat. Nun den Teig nochmals kräftig durchkneten und in die gewünschte Brotform bringen. Den Laib vor dem Backen nochmals zugedeckt etwa 15 Minuten gehen lassen.

Kalte Hefeteigführung

Je nach den Temperaturbedingungen, unter denen sich Teige entwickeln, spricht man von der sogenannten „warmen" oder „kalten" Führung. Man kann Hefeteig auch kalt zubereiten, die „kalte Führung" verläuft aber ganz anders als die herkömmliche und gelingt nur bei fettreichen Teigen. Hierfür werden alle Zutaten (es empfiehlt sich, die doppelte Menge an Butter, also mindestens 140 g zu verwenden) kalt miteinander verknetet. Anschließend wird der Teig in ein feuchtes Küchentuch gewickelt und über Nacht (für 12 Stunden) in den Kühlschrank gestellt. Die Hefepilzkulturen entwickeln sich dabei ganz langsam, so daß der fertige Teig besonders locker ist und seine Form gut behält. Am nächsten Tag wird er dann nur noch einmal kurz durchgeknetet und dem jeweiligen Rezept entsprechend verarbeitet. Da die meisten Brote mit relativ wenig Fett hergestellt werden, empfiehlt sich die kalte Hefeteigführung nur für Gebäckarten wie zum Beispiel Brioches. Sie können ungebackenen Hefeteig auch luftdicht verschlossen

Foto 4

Foto 5

Foto 6

Foto 7

einfrieren. Für die weitere Verwendung sollten Sie ihn dann bei Zimmertemperatur auftauen lassen und anschließend wie einen frischen Hefeteig weiterverarbeiten. Fertige Brote aus Hefeteig können Sie etwa 5 Monate in der Tiefkühltruhe aufbewahren.

Brote und Brötchen formen

Hefeteig läßt sich leicht formen. Wenn aus dem Teig ein rundes Brot entstehen soll, können Sie die Teigkugel mit bemehlten Händen in die gewünschte Form bringen. Längliche Hefeteigbrote werden ohnehin in einer Kastenform gebacken, so daß Sie den Teig nur einzufüllen brauchen. Brötchen werden ebenfalls mit den Händen geformt und dann an der Oberfläche dekorativ eingeschnitten. Dazu werden ovale Brötchen einmal der Länge nach eingekerbt, runde Brötchen werden über Kreuz eingeschnitten. Die Schnitte sollten nicht zu tief, etwa 2 bis 3 mm geführt werden, damit die Brötchen beim Backen nicht aufreißen. Knoten, Brezeln und geflochtenes Gebäck werden aus Teigrollen hergestellt. Bei einfachen Zöpfen werden zwei Teigstränge umeinander gedreht. Etwas komplizierter ist das Flechten eines „echten Zopfes": Hierfür werden drei gleich dicke Teigstränge an einem Ende zusammengedrückt und so hingelegt, daß zwei Stränge rechts und ein Strang links liegen. Nun den rechten Strang über den mittleren legen. Den linken Strang über den nun in der Mitte liegenden Strang legen. Dann wieder den rechten über den Mitte liegenden usw. Die Stränge am anderen Ende wieder zusammendrücken.

Sauerteig

Grundsätzliches zum Sauerteig

Sauerteigbrote zeichnen sich durch eine große Haltbarkeit und einen fein-säuerlichen Geschmack aus. Meist werden sie aus Mehlen mit hohem Ausmahlungsgrad oder aus Vollkornmehlen hergestellt.
Für Brote aus Sauerteig muß zunächst am Abend vorher ein Vorteig angesetzt werden, der dann zum Hauptteig, dem eigentlichen Brotteig entwickelt wird. Insgesamt müssen Sie mit einer Gär- bzw. Gehzeit des Brotteigs von insgesamt etwa 14 Stunden rechnen. Diese Zeitspanne sollten Sie beim Brotbacken immer berücksichtigen und einplanen. Es schadet nichts, wenn sich die Gärzeit des Vorteigs um einige Stunden verlängert. Das fertige Brot schmeckt dann etwas säuerlicher und kräftiger. Dagegen darf die Zeit keinesfalls verkürzt werden, weil das Brot sonst „unausgegoren" ist und mißlingen würde.
Das Ansetzen von Sauerteig mit Extrakten (Backferment) oder flüssigen Sauerteigpräparaten, die gebrauchsfertig im Handel (in Bioläden oder in Reformhäusern) angeboten werden, ist ganz einfach, wenn Sie genau nach Packungsanweisung verfahren. Wichtig auch bei diesen arbeitserleichternden Produkten ist die richtige Temperatur, damit der Vorteig entsprechend gärt. Vorteil der Halbfertigprodukte ist der kürzere Zeitaufwand für das Gehen und das fast garantierte Gelingen des Vorteigs.

GRUNDREZEPT
Sauerteig

Für 1 Brot
Zubereitungszeit
ca. 1 Std. 15 Min.
Zeit zum Gären
ca. 14 Std.
Backzeit
ca. 1 Std. 30 Min.

Für den Vorteig:

300 g Roggenmehl Type 1150
2 gehäufte TL Backferment (Halbfertigprodukt)
250 ml lauwarmes Wasser (ca. 30 °C)

Für den Hauptteig:

300 g Roggenmehl Type 1150
400 g Roggenbackschrot Type 1800
425 ml warmes Wasser (ca. 45 °C)
4 TL Salz
1 EL Pflanzenöl
Mehl zum Kneten
Butter für die Form

So wird's gemacht

1. Für den Vorteig das Mehl in eine große Schüssel geben. Das Backferment in einem kleinen Teil der angegebenen Wassermenge ganz klümpchenfrei auflösen. Das Ferment zusammen mit dem restlichen Wasser über das Mehl gießen und die Masse mit einem Handrührgerät oder einem Schneebesen gründlich durchrühren (Foto 1).
2. Die Oberfläche des Teiges glattstreichen, die Schüssel in einen Plastikbeutel schieben und mit einem Küchentuch bedecken (Foto 2). Den Teig über Nacht bei Zimmertemperatur gären lassen. Der Teig muß am nächsten Tag lebhaft gären, so daß sich beim Aufreißen der oberen Schicht viele Bläschen

zeigen. Ist das der Fall, hat der Vorteig die nötige Reife.
3. Für den Hauptteig Roggenmehl, Roggenbackschrot, das in etwas Wasser aufgelöste Salz, Öl und warmes Wasser zu dem Vorteig geben (Foto 3). Alles mit den Händen etwa 10 Minuten lang verkneten, bis ein geschmeidiger Teig entsteht (Foto 4). Damit der zunächst klebrige Teig nicht an den Händen hängen bleibt, diese entweder mit etwas Mehl bestäuben oder dünn mit Öl einreiben.
4. Den gut durchgearbeiteten Teig in eine Schüssel geben. Die Schüssel in einen Plastikbeutel schieben, mit einem Küchentuch bedecken und den Teig an einem warmen Ort mindestens 1 Stunde gehen lassen. Stellen Sie die Schüssel

Foto 1

Foto 2

hierfür in den auf kleinster Stufe eingestellten Backofen, dessen Tür einen Spalt offengehalten wird, indem Sie einen Topflappen oder ein Küchentuch dazwischenklemmen.

5. Den Teig mit Mehl bestreuen, auf eine bemehlte Arbeitsfläche stürzen und so lange tüchtig durchkneten, bis er nicht mehr klebt und geschmeidig ist (Foto 5).

6. Den Teig zu einem Laib formen (Foto 6) und diesen in eine runde, ausgefettete Backform geben, die nur halb mit dem Laib gefüllt sein darf. Den Laib mit einem Küchentuch bedecken und an einem warmen Ort nochmals 1 Stunde gehen lassen, bis sich sein Volumen verdoppelt hat. Schrotteige zeigen dabei an der Oberfläche kleine Risse.

7. Den Backofen auf 250 °C vorheizen. Eine mit heißem Wasser gefüllte, feuerfeste Schale in den Backofen stellen. Das Brot auf der mittleren Einschubleiste etwa 10 Minuten backen, dann den Ofen auf 200 °C herunterschalten und das Brot weitere 50 Minuten backen. Falls die Oberfläche zu sehr bräunt, gegen Ende des Backvorgangs Alufolie über das Brot decken.

8. Das Brot mit warmem Wasser bestreichen, aus der Form stürzen und auf einem Gitterrost abkühlen lassen.

Tip

Backferment ist ein trockenes Granulat, das auf der Basis von Getreide und Honig hergestellt wird. Sie erhalten es in Reformhäusern und Naturkostläden. Es hat den Vorteil, daß man mit ihm aus allen Getreidesorten Brote herstellen kann.

Foto 3

Foto 4

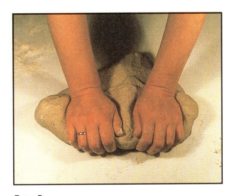

Foto 5

Foto 6

Sauerteigansatz selbst herstellen

Wenn Sie nicht auf Hilfsmittel wie Backferment oder Sauerteig aus dem Beutel zurückgreifen wollen, können Sie den Sauerteigansatz auch selbst herstellen. Der Ansatz reicht für mehrere Brote, je Brot benötigen Sie ein bis zwei Eßlöffel (etwa 50 g). Für den Ansatz verrühren Sie in einer großen Schüssel 200 g Roggenmehl Type 1150 mit 1 Eßlöffel flüssigem Honig sowie mit je 1/2 Teelöffel gemahlenen Kümmel, Fenchelsamen und Koriander. Nach und nach 250 ml lauwarmes Wasser unter Rühren zugeben und dabei so lange rühren, bis eine glatte, klümpchenfreie Masse entstanden ist. Den Ansatz mit ein bis zwei Eßlöffeln Mehl bestäuben, mit einem Küchentuch zudecken und bei 30 °C 3 Tage stehen lassen. Sie können den Ansatz zum Gären auch in ein großes Schraubdeckelglas füllen, achten Sie aber darauf, daß das Glas nicht bis zum Rand gefüllt ist, damit genügend Platz zum Gären vorhanden ist. Alle 24 Stunden sollte der Teig mit einem Holzlöffel kräftig durchgerührt werden. Der Sauerteig ist fertig, wenn sich an seiner Oberfläche feine Risse und Gärungsbläschen zeigen. Der Teig riecht und schmeckt säuerlich. Riecht der Teig unangenehm scharf säuerlich, war die Gärtemperatur zu niedrig und es haben sich zu viele Essigsäurebakterien entwickelt. Diesen Ansatz müssen Sie wegwerfen und einen neuen herstellen. Der Ansatz hält sich, in einem gut verschlossen Schraubglas, im Kühlschrank bis zu 8 Wochen lang frisch. Sie können ihn für alle Sauerteigbrote verwenden.

Blätterteig

Grundsätzliches zum Blätterteig

Die Zubereitung von Blätterteig erfordert viel Sorgfalt und Genauigkeit. Viel Zeit sollten Sie außerdem mitbringen. Das Resultat wird Sie aber für Ihre Mühen entlohnen; selbstgemachter Blätterteig schmeckt zart und knusprig.
Es ist relativ schwierig, kleinere Mengen an Blätterteig herzustellen, daher sollten Sie die im Grundrezept angegebene Menge zubereiten. Blätterteig läßt sich problemlos einfrieren, brauchen Sie also weniger, frieren Sie die nicht benötigte Masse einfach ein. Blätterteigreste, die Sie einfrieren wollen, sollten Sie vorher sorgfältig übereinanderlegen und ausrollen. Da sich die Zutaten bei der Verarbeitung nicht allzusehr erwärmen sollten, empfiehlt es sich, auf kühlem Untergrund (Marmorplatte oder ähnliches) zu arbeiten. Zudem gibt es Wellhölzer aus Metall, die nicht wärmeleitend und darüber hinaus praktisch sind, weil an ihnen der Teig nicht so leicht hängenbleibt. In den meisten Rezepten wird Blätterteig vor dem Backen mit Eigelb bestrichen. Hierbei sollten Sie darauf achten, daß die Kanten nicht mitbestrichen werden und auch kein Eigelb herunterläuft, sonst geht der Teig nicht auf. Bleche oder Formen, auf oder in denen Blätterteig gebacken wird, werden lediglich mit kaltem Wasser ab- bzw. ausgespült und nicht gefettet. Noch ein Tip zum Touren: Um nicht zu vergessen, wie oft Sie den Blätterteig getourt haben, können Sie die Tourenanzahl mit den Fingern leicht in die Teigoberfläche drücken.

GRUNDREZEPT
Blätterteig

Für ca. 500 g Teig
Zubereitungszeit
ca. 1 Std.
Zeit zum Ruhen
ca. 2 Std. 30 Min.
Backzeit
ca. 15 Min. (je nach Rezept)

200 g Weizenmehl Type 405
100 ml eiskaltes Wasser
20 g kalte Butter
1 TL Salz
Außerdem:
200 g kalte Butter
2 EL Weizenmehl
Mehl zum Ausrollen

So wird's gemacht
1. Das Mehl auf eine Arbeitsplatte (möglichst aus Marmor) sieben und ringförmig aufhäufen. In die Mitte das Wasser, die Butter in Stückchen und das Salz geben (Foto 1).
2. Mit einer Hand das Mehl mit dem Wasser und der Butter von innen nach außen zusammenarbeiten, dabei das Mehl mit einem Teigschaber nachschieben (Foto 2).
3. Den Teig so lange kneten, bis die Oberfläche glänzt und glatt ist (Foto 3). Den Teig mit einem feuchten Küchentuch zudecken und für etwa 15 Minuten kühl stellen.
4. Die Butter in kleine Stücke schneiden, das Mehl darübersieben und beides schnell miteinander verkneten. Dabei darf die Butter nicht zu weich und zu warm werden, Teig und Mehlbutter sollten von gleicher Beschaffenheit sein.

5. Den gekühlten Teig auf der bemehlten Arbeitsfläche rechteckig ausrollen. Die Butter-Mehl-Mischung so ausrollen, daß sie nur halb so breit und 4 bis 5 cm kürzer als die Teigplatte ist. Nun die Butter in die Mitte der Teigplatte legen. Die Teigränder mit Wasser bestreichen (Foto 4).
6. Den Teig von beiden Seiten so über die Butter schlagen, daß er in der Mitte etwas überlappt. Die Teigränder – auch an den schmalen Seiten – zusammendrücken (Foto 5). Die Butter sollte fest im Teig eingeschlossen sein.
7. Den Teig abwechselnd in zwei Richtungen ausrollen. Erst von vorne nach hinten (Foto 6), dann von rechts nach links. Dabei darauf achten, daß der Druck mög-

Foto 1

Foto 2

lichst immer gleich stark ist. Der Teig sollte zum Schluß an den Rändern genauso dick sein wie in der Mitte.

8. Nach jedem Arbeitsgang die Mehlreste abfegen. Den Teig mit einem feuchten Tuch bedecken und für 20 Minuten kühl stellen.

9. Für die einfache Tour zwei Drittel des Teiges exakt zusammenlegen und das letzte Drittel darüberschlagen (Foto 7). Die Ränder

Foto 3

Foto 4

Foto 5

sollten glatt übereinander liegen. Den Teig zudecken und für 20 Minuten kühl stellen.

10. Den Teig wieder ausrollen. Für die doppelte Tour den Teig von beiden Seiten nach innen, bis zur Mitte einschlagen (Foto 8). Nochmals längs zusammenklappen, so daß jetzt vier Teigschichten übereinanderliegen. Den Teig wieder zugedeckt für 20 Minuten kühl stellen.

11. Dann wieder ausrollen und dem Blätterteig nochmals eine einfache und eine doppelte Tour geben. Zwischendurch immer wieder zugedeckt kühl stellen. Zum Backen je nach Rezept ausrollen, gewünschte Form ausstechen oder ausschneiden, mit einer Gabel mehrmals einstechen und nochmals etwa 30 Minuten kühl stellen.

Tip

Der Begriff „tournieren" kommt von dem französischen Wort „Tour" für „Runde" oder „Etappe". Der Blätterteig muß also in mehreren Runden oder Etappen bearbeitet werden, damit er die gewünschte Konsistenz erhält.

Der Blitzblätterteig
Diese Teigart verdankt ihren Namen der relativ schnellen Herstellung. Im Vergleich zum herkömmlichen Blätterteig benötigen Sie für die Zubereitung des Blitzblätterteigs nur etwa 1 Stunde. Für 500 g Teig sieben Sie 250 Weizenmehl Type 405 ringförmig auf eine Arbeitsplatte. 200 g Butter in kleinen Stückchen außen um den Mehlring verteilen und mit etwas Mehl bestäuben. 1/2 Teelöffel Salz über das Mehl streuen und 110 ml eiskaltes Wasser in die Mitte des Mehlrings gießen. Nun mit einer Hand das Wasser vorsichtig mit dem

Mehl vermischen, bis aus Wasser und Mehl ein zäher Teig entstanden ist. Dabei aber noch keine Butter einarbeiten. Dann alles rasch und kräftig verkneten und den Teig zu einem rechteckigen Block formen. Diesen mit einem feuchten Tuch zudecken und für etwa 10 Minuten kühl stellen. Den Teig anschließend wie einen herkömmlichen Blätterteig ausrollen und dann, wie nebenstehend beschrieben, tournieren.

Foto 6

Foto 7

Foto 8

Brote aus Hefeteig

Diese Brote sind locker und bekömmlich. Frisch und ofenwarm schmecken sie am besten. Da pikanter Hefeteig keinen kräftigen Eigengeschmack hat, können Sie ihn mit Kräutern, Ölsaaten oder kräftigen Getreidearten anreichern. Brote aus Hefeteig können zum Frühstück, zur Brotzeit und zum Abendessen serviert werden, sie sind vielseitig variierbar, da sie sowohl mit süßen, als auch mit pikanten Belägen sehr lecker sind. Im folgenden Kapitel finden Sie Klassiker wie das beliebte Stangenweißbrot, aber auch Ausgefallenes wie zum Beispiel Olivenbrot.

Stangenweißbrot

Für 4 Stangen
Zubereitungszeit
ca. 40 Min.
Zeit zum Gehen
ca. 1 Std. 15 Min.
Backzeit
ca. 35 Min.

750 g Weizenmehl Type 550
25 g frische Hefe (ca. 1/2 Würfel)
500 ml lauwarmes Wasser
3 TL Salz
Mehl zum Kneten
1 verquirltes Eigelb zum Bestreichen
Butter für das Blech

So wird's gemacht

1. Das Mehl in eine große Schüssel sieben. Die Hefe in etwas Wasser auflösen und die Mischung über das Mehl träufeln. Das Wasser mit einem Kochlöffel oder mit einem Handrührgerät unter das Mehlgemisch rühren, bis sich der Teig vom Schüsselrand löst. Dann das Salz einarbeiten

2. Den Teig zu einer Kugel formen und auf einer bemehlten Arbeitsfläche 10 bis 15 Minuten kräftig mit der Hand kneten, bis er geschmeidig ist und anfängt, Blasen zu werfen.

3. Die Teigkugel auf den mit Mehl bestreuten Boden einer Schüssel legen, diese in einen großen Plastikbeutel schieben, mit einem Küchentuch bedecken und den Teig an einem warmen Ort etwa 45 Minuten gehen lassen, bis sich sein Volumen verdoppelt hat. Den Teig in 4 Teile zu je 300 g aufteilen.

4. Jedes Teil für sich kräftig durchkneten. Dann 4 jeweils etwa 40 cm lange Rollen formen. Ein Backblech mit Butter einstreichen. Die Teigrollen auf das Blech legen und zugedeckt an einem warmen Ort 30 Minuten aufgehen lassen.

5. Den Backofen auf 220 ℃ vorheizen und ein feuerfeste, mit heißem Wasser gefüllte Schale auf den Boden des Ofens stellen. Die Stangenweißbrote jeweils mit verquirltem Ei bestreichen und mit einem scharfen Messer an der Oberfläche mehrmals schräg einschneiden. Das Blech auf der mittleren Einschubleiste in den Ofen schieben und die Stangenweißbrote 30 bis 35 Minuten backen. Anschließend auf einem Gitterrost abkühlen lassen. Frisch servieren.

Linas Sonntagsbrot

Für 1 Brot
Zubereitungszeit
ca. 40 Min.
Zeit zum Gehen
ca. 1 Std. 15 Min.
Backzeit
ca. 45 Min.

42 g frische Hefe (1 Würfel)
2 EL Zucker
500 ml lauwarme Milch
1 kg Weizenmehl Type 550
250 g zerlassene Margarine
abgeriebene Schale einer
unbehandelten Zitrone
1 Ei
Butter für die Form

So wird's gemacht

1. Die Hefe und den Zucker in einer hohen Rührschüssel mit der Milch verrühren. Die Mischung abdecken und 10 Minuten an einem warmen Ort gehen lassen.

2. Das Mehl in eine Schüssel sieben. Margarine, Zitronenschale sowie Ei hinzufügen und das Ganze vermengen. Dann die Hefemilch dazugießen und alles zu einem glatten Teig verkneten. Diesen zugedeckt an einem warmen Ort etwa 45 Minuten gehen lassen, bis sich sein Volumen verdoppelt hat.

3. Den Backofen auf 175 °C vorheizen und eine Brotback- oder Kastenform (35 cm Länge) mit Butter ausstreichen. Den Teig in die Form geben, an der Oberfläche mehrmals über Kreuz einschneiden und das Brot auf der unteren Schiene des Ofens etwa 45 Minuten backen.

Vollkorn-Butter-milch-Baguette

Für 3 Baguettes
Zubereitungszeit
ca. 40 Min.
Zeit zum Gehen
ca. 2 Std. 30 Min.
Backzeit
ca. 25 Min.

500 g Weizenvollkornmehl
25 g frische Hefe (ca. ¹/₂ Würfel)
320 ml lauwarme Buttermilch
(z.B. von Müller)
1 EL Salz
Mehl zum Kneten

So wird's gemacht
1. Das Mehl in eine Schüssel geben. Die Hefe darüberkrümeln, die Buttermilch und das Salz hinzufügen. Die Zutaten gut vermengen und zu einem glatten Teig verkneten.
2. Den Teig auf einer bemehlten Arbeitsfläche 10 bis 15 Minuten kräftig mit der Hand kneten. Ihn zur Kugel formen, auf den mit Mehl bestreuten Boden einer Schüssel legen, mit einem Tuch bedecken und an einem warmen Ort etwa 1 Stunde gehen lassen. Dann nochmals durchkneten und 30 Minuten gehen lassen.
3. Den Teig zu einer langen Rolle formen und 30 Minuten ruhen lassen. Dann in 3 gleich lange Stücke schneiden, die Teigoberfläche jeweils mehrmals schräg einschneiden und die Baguettes nochmals 45 Minuten gehen lassen. Den Backofen auf 200 °C vorheizen und eine feuerfeste, mit Wasser gefüllte Schale hineinstellen. Die Baguettes auf ein heißes Blech setzen und im Ofen 20 bis 25 Minuten backen.

(auf dem Foto: oben)

Weizen-Butter-milch-Baguette

Für 3 Baguettes
Zubereitungszeit
ca. 40 Min.
Zeit zum Gehen
ca. 2 Std. 30 Min.
Backzeit
ca. 25 Min.

500 g Weizenmehl Type 405
25 g frische Hefe (ca. ¹/₂ Würfel)
320 ml lauwarme Buttermilch
(z.B. von Müller)
1 EL Salz
Mehl zum Kneten

So wird's gemacht
1. Das Mehl in eine Schüssel sieben. Die Hefe darüberkrümeln, die Buttermilch und das Salz hinzufügen. Die Zutaten gut vermengen und zu einem glatten Teig verkneten.
2. Den Teig auf einer bemehlten Arbeitsfläche 10 bis 15 Minuten kräftig mit der Hand kneten. Ihn zur Kugel formen, auf den mit Mehl bestreuten Boden einer Schüssel legen, mit einem Tuch bedecken und an einem warmen Ort etwa 1 Stunde gehen lassen. Dann nochmals durchkneten und 30 Minuten gehen lassen.
3. Den Teig zu einer langen Rolle formen und 30 Minuten ruhen lassen. Dann in 3 gleich lange Stücke schneiden, die Teigoberfläche jeweils mehrmals schräg einschneiden und die Baguettes nochmals 45 Minuten gehen lassen. Den Backofen auf 200 °C vorheizen und eine feuerfeste, mit Wasser gefüllte Schale hineinstellen. Die Baguettes auf ein heißes Blech setzen und im Ofen 20 bis 25 Minuten backen.

(auf dem Foto: Mitte)

Vollkorn-Weizen-Baguette

Für 3 Baguettes
Zubereitungszeit
ca. 40 Min.
Zeit zum Gehen
ca. 2 Std. 30 Min.
Backzeit
ca. 25 Min.

250 g Weizenmehl Type 405
250 g Weizenvollkornmehl
25 g frische Hefe (ca. ¹/₂ Würfel)
320 ml lauwarme Buttermilch
(z.B. von Müller)
1 EL Salz
Mehl zum Kneten

So wird's gemacht
1. Das Mehl in eine Schüssel geben. Die Hefe darüberkrümeln, die Buttermilch und das Salz hinzufügen. Die Zutaten gut vermengen.
2. Den Teig auf einer bemehlten Arbeitsfläche 10 bis 15 Minuten kräftig mit der Hand kneten. Ihn zur Kugel formen, auf den mit Mehl bestreuten Boden einer Schüssel legen, mit einem Tuch bedecken und an einem warmen Ort etwa 1 Stunde gehen lassen. Dann nochmals durchkneten und 30 Minuten gehen lassen.
3. Den Teig zu einer langen Rolle formen und 30 Minuten ruhen lassen. Dann in 3 gleich lange Stücke schneiden, die Teigoberfläche jeweils mehrmals schräg einschneiden und die Baguettes nochmals 45 Minuten gehen lassen. Den Backofen auf 200 °C vorheizen und eine feuerfeste, mit Wasser gefüllte Schale hineinstellen. Die Baguettes auf ein heißes Blech setzen und im Ofen 20 bis 25 Minuten backen.

(auf dem Foto: unten)

Würziges Kefirbrot

Für 1 Brot
Zubereitungszeit
ca. 45 Min.
Zeit zum Gehen
ca. 1 Std. 10 Min.
Backzeit
ca. 50 Min.

700 g Weizenmehl Type 405
42 g frische Hefe (1 Würfel)
1/2 TL Zucker
250 g lauwarmer, fettarmer Kefir
(z. B. Kalinka Kefir von Müller)
1 TL Salz
1 mittelgroße Zwiebel
1 Knoblauchzehe
je 1 Bd. Dill, Schnittlauch
und Petersilie
einige Blättchen Zitronenmelisse
1/2 TL gerebelter Estragon
2 EL Pflanzenöl
1 EL Zitronensaft

Butter für die Form
Mehl zum Kneten

So wird's gemacht

1. Das Mehl in eine Schüssel geben, eine Mulde hineindrücken und die Hefe in die Mulde bröckeln. Die Hefe mit Zucker bestreuen, den Kefir darübergießen, die Mischung leicht verrühren, das Salz dazugeben und den Vorteig zugedeckt an einem warmen Ort etwa 20 Minuten gehen lassen.

2. Inzwischen die Zwiebel und den Knoblauch schälen und fein hacken. Die Kräuter waschen, trockenschleudern und fein wiegen. Das Öl in einer Pfanne erhitzen und Zwiebel, Knoblauch, frische Kräuter sowie Estragon darin andünsten. Den Zitronensaft unterrühren und die Kräutermischung zum Vorteig geben. Alles zu einem glatten Teig verkneten.

3. Diesen zur Kugel formen und zugedeckt nochmals 30 Minuten an einem warmen Ort gehen lassen.

4. Eine große Kastenform mit Butter ausstreichen. Den Teig auf einer bemehlten Arbeitsfläche nochmals kräftig durchkneten. Dann in die Form geben und die Oberfläche längs in der Mitte einschneiden. Den Teig nochmals 15 Minuten gehen lassen.

5. In der Zwischenzeit den Backofen auf 180 °C vorheizen und eine feuerfeste, mit Wasser gefüllte Schale hineinstellen. Das Brot in den Ofen geben und etwa 50 Minuten backen. Dann aus der Form stürzen und vor dem Anschneiden auf einem Gitterrost gut abkühlen lassen.

Kräuterweißbrot

Für 1 Brot
Zubereitungszeit
ca. 35 Min.
Zeit zum Gehen
ca. 1 Std. 15 Min.
Backzeit
ca. 40 Min.

750 g Weizenmehl Type 505
42 g frische Hefe (1 Würfel)
1 TL Zucker
3 TL Salz
450 ml lauwarme Milch
Mehl zum Kneten
1 TL schwarze, zerdrückte
Pfefferkörner
3 EL gehackte, gemischte Kräuter
(Petersilie, Dill, Thymian,
Bohnenkraut, Schnittlauch)
Butter für die Form
2 EL warme Milch zum Bestreichen

So wird's gemacht

1. Mehl in eine Schüssel sieben, Hefe, Zucker sowie Salz darüberbröckeln bzw. -streuen und die Zutaten vermischen. Die Milch mit einem Holzlöffel unter die Mehlmischung rühren, bis sich der Teig vom Schüsselrand löst.

2. Den Teig auf einer bemehlten Arbeitsfläche 10 bis 15 Minuten kräftig kneten, bis er geschmeidig ist. Ihn zur Kugel formen und zugedeckt an einem warmen Ort etwa 45 Minuten gehen lassen. Dann Pfeffer und Kräuter gründlich unterkneten. Eine Kastenform mit Butter ausstreichen, den Teig hineingeben und zugedeckt nochmals 30 Minuten gehen lassen.

3. Backofen auf 220 °C vorheizen und eine feuerfeste, mit Wasser gefüllte Schale hineinstellen. Das Brot mit Milch bestreichen, mehrmals oben einschneiden und im Ofen etwa 35 bis 40 Minuten backen. Vor dem Stürzen kurz ruhen lassen.

Kasten-Dinkel-Brot

Für 1 Brot
Zubereitungszeit
ca. 45 Min.
Zeit zum Gehen
ca. 45 Min.
Backzeit
ca. 1 Std. 15 Min.

750 g Dinkelvollkornmehl
42 g frische Hefe (1 Würfel)
250 ml lauwarmes Wasser
1 EL flüssiger Lindenblütenhonig
1 EL Vollmeersalz
Vollkornmehl zu Kneten
2 EL Butter oder Margarine
für die Form
3 EL Grünkernkörner zum Bestreuen

So wird's gemacht

1. Das Mehl in eine große Schüssel geben und in die Mitte eine Mulde hineindrücken. Die Hefe in ein hohes Rührgefäß bröckeln und darin unter Rühren im Wasser auflösen. Die Mischung in die Mulde gießen, den Honig dazugeben und das Ganze mit etwas Mehl vom Rand vermischen. Den Vorteig zugedeckt an einem warmen Ort etwa 15 Minuten gehen lassen.
2. Das Salz zum Vorteig geben und diesen mit dem Mehl sehr gut verkneten. Dann die Schüssel mit einem Tuch bedecken und den Teig nochmals 15 Minuten gehen lassen.
3. Eine Kastenform mit Butter oder Margarine ausstreichen. Eine Arbeitsfläche mit etwas Vollkornmehl bestreuen und den Teig darauf etwa 10 bis 15 Minuten kräftig durchkneten. Dann zu einem länglichen Laib formen und diesen in die Form legen. Die Oberfläche etwas glattstreichen und die Grünkernkörner auf das Brot streuen.
4. Das Brot abdecken und an einem warmen Ort nochmals 10 bis 15 Minuten gehen lassen, bis sich das Volumen des Teiges deutlich ver-

größert hat. Inzwischen den Backofen auf 200 °C vorheizen. Eine feuerfeste Schale mit Wasser füllen und hineinstellen.
5. Das Brot auf der untersten Einschubleiste des Backofens etwa 1 Stunde backen. Dann den Ofen abschalten und das Brot im warmen Ofen noch etwa 15 Minuten ruhen lassen. Anschließend auf einen Gitterrost stürzen und mit etwas Wasser bepinseln. Vor dem Anschneiden gut abkühlen lassen.

(auf dem Foto: links)

Tip ▬▬▬▬

Sollte das Brot nach dem Stürzen noch zu hell und weich sein, es ohne Form bei 200 °C 10 bis 15 Minuten nachbacken. Anschließend mit Wasser bepinseln.

Variation ▬▬▬▬

Anstelle des Lindenblütenhonigs können Sie auch Akazienhonig verwenden. Besonders delikat schmeckt das Brot, wenn Sie Kastanienhonig verwenden. Diesen Honig erhalten Sie in Feinkostläden, in der Regel stammt er aus Italien.

Kasten-Mais-Brot

Für 1 Brot
Zubereitungszeit
ca. 45 Min.
Zeit zum Gehen
ca. 15 Min.
Backzeit
ca. 45 Min.

200 g Weizenvollkornmehl
50 g Buchweizenmehl
500 g Maisgrieß
1 P. Weinsteinbackpulver (in Bioläden und Reformhäusern erhältlich)
500 ml Milch
3 EL Butter
2 Eier
80 g dickflüssiger Honig
1 EL Margarine für die Form
1 EL Mehl für die Form

So wird's gemacht

1. Weizenvollkornmehl, Buchweizenmehl, Grieß, Salz und Weinsteinbackpulver in eine große Schüssel geben und darin gründlich miteinander vermischen.
2. Die Milch in einem Topf erhitzen, die Butter hinzufügen und darin schmelzen lassen. Den Topf vom Herd nehmen, die Eier und den Honig einrühren und die Masse gut verquirlen.
3. Die Eiermilch zur Mehlmischung geben und beides gut vermischen. Der Teig sollte eine nahezu flüssige Konsistenz haben. Den Teig etwa 15 Minuten ruhen lassen.
4. Inzwischen den Backofen auf 200 °C vorheizen. Eine Kastenform mit Margarine ausstreichen und mit Mehl ausstäuben. Den Teig in die Form füllen, glattstreichen und das Brot im Ofen etwa 35 Minuten backen. Dann stürzen und auf einem Gitterrost abkühlen lassen.

(auf dem Foto: rechts)

Kasten-Kürbis-Brot

Für 1 Brot
Zubereitungszeit
ca. 1 Std. 15 Min.
Zeit zum Gehen
ca. 30 Min.
Backzeit
ca. 30 Min.

400 g Kürbis
2 TL Salz
4 Gewürznelken
1 Stück Zimtstange (ca. 10 cm)
1 EL frisch geriebene Ingwerwurzel
500 g Weizenmehl Type 405
42 g frische Hefe (1 Würfel)
50 ml lauwarme Milch
50 g Zucker
1¹/₂ EL weiche Butter
2 EL gehackte Kürbiskerne
1 EL Butter für die Form
1 EL Kürbiskerne zum Bestreuen

So wird's gemacht

1. Den Kürbis schälen, entkernen und in nicht zu große Würfel schneiden. In einem Topf zusammen mit gut 100 ml Wasser, 1 Teelöffel Salz, Nelken, Zimtstange sowie Ingwer erhitzen und in etwa 10 Minuten bei mittlerer Hitze weich dünsten. Die Nelken und die Zimtstange entfernen und das Kürbisfruchtfleisch im Mixer pürieren.

2. Das Mehl in eine Schüssel geben, eine Mulde hineindrücken und die Hefe in die Mulde bröckeln. Die Milch darübergießen, die Mischung leicht verrühren und den Vorteig zugedeckt an einem warmen Ort etwa 10 Minuten gehen lassen.

3. Zucker, Butter, Kürbispüree sowie restliches Salz dazugeben und das Ganze mit den Knethaken eines Handrührgeräts zu einem festen Teig verkneten.

4. Diesen zugedeckt an einem warmen Ort etwa 10 Minuten gehen lassen. Dann die Kürbiskerne unter den Teig kneten.

5. Den Backofen auf 180 °C vorheizen. Eine Kastenform mit Butter ausstreichen, den Teig hineinfüllen, glattstreichen und mit Wasser bepinseln. Das Brot mit Kürbiskernen bestreuen und diese leicht in den Teig drücken. Zugedeckt nochmals 5 Minuten gehen lassen.

6. Das Brot in den Ofen geben und in 40 bis 45 Minuten goldbraun backen. Dann auf einen Gitterrost stürzen und vor dem Anschneiden gut abkühlen lassen.

Kasten-Kartoffel-Brot

Für 1 Brot
Zubereitungszeit
ca. 1 Std. 30 Min.
Zeit zum Gehen
ca. 3 Std. 30 Min.
Backzeit
ca. 1 Std. 15 Min.
Zeit zum Ruhen
ca. 12 Std.

200 g mehligkochende Kartoffeln
Salz
450 g Weizenmehl Type 405
30 g frische Hefe (ca. 3/4 Würfel)
250 ml lauwarmes Wasser
Mehl zum Bestäuben
1 EL Margarine für die Form

So wird's gemacht

1. Die Kartoffeln in Salzwasser garen. dann kalt abschrecken, abkühlen lassen, pellen und auf einer Rohkostreibe fein reiben. Von den Kartoffelraspeln genau 150 g abnehmen.
2. Das Mehl in einer Schüssel mit 2 Teelöffeln Salz vermischen. Die Hefe in eine Tasse bröckeln, darin in 3 Eßlöffeln Wasser auflösen und zusammen mit den Kartoffelraspeln zum Mehl geben.
3. Alles gut verkneten und nach und nach das restliche Wasser einarbeiten. Den Teig zur Kugel formen, mit Mehl bestäuben und zugedeckt an einem warmen Ort etwa 3 Stunden gehen lassen.
4. Den Teig zu einem länglichen Laib formen. Eine Kastenform mit Margarine ausstreichen, den Laib hineingeben und nochmals etwa 30 Minuten an einem warmen Ort gehen lassen.
5. Inzwischen den Backofen auf 220 °C vorheizen. Eine feuerfeste, mit Wasser gefüllte Schale hineinstellen.
6. Das Brot mit Wasser bepinseln, in den Ofen geben und etwa 10 Minuten backen. Dann die Backhitze auf 180 °C reduzieren und das Brot nochmals 55 bis 65 Minuten backen. Sicherheitshalber mit einem Holzspieß eine Garprobe machen, ob das Brot gut durchgebacken ist. Anschließend auf einen Gitterrost stürzen und vor dem Anschneiden etwa 12 Stunden ruhen lassen.

Maisfladen mit Sesam

Für 1 Fladen
Zubereitungszeit
ca. 40 Min.
Zeit zum Gehen
ca. 12 Std. 15 Min.
Backzeit
ca. 35 Min.

175 g Weizenmehl Type 1050
150 g Weizenmehl Type 1700
150 g Maismehl
1 TL Salz
21 g frische Hefe (ca. 1/2 Würfel)
300 ml lauwarme Buttermilch
40 g zerlassene Margarine
(z. B. Sanella)
50 g Sesamsamen
Margarine für das Blech
1 EL Sesamsamen und 1/2 TL
schwarze Sesamsamen zum Bestreuen

So wird's gemacht
1. Die Mehlsorten in einer Schüssel mit dem Salz vermischen. Die Hefe in eine Tasse bröckeln, darin in 3 Eßlöffeln Buttermilch auflösen und zusammen mit der Margarine und der restlichen Buttermilch zum Mehl geben. Das Ganze zu einem glatten Teig verkneten. Diesen in Alufolie wickeln und über Nacht im Kühlschrank ruhen lassen.
2. Den Teig durchkneten und die Sesamsamen einarbeiten. Ein Blech mit Margarine einstreichen. Den Teig zu einem Fladen formen, diesen auf das Blech legen und mit lauwarmem Wasser bepinseln. Mit hellen sowie schwarzen Sesamsamen bestreuen, mit einer Gabel mehrmals einstechen und nochmals 15 Minuten gehen lassen.
3. Inzwischen den Backofen auf 200 ℃ vorheizen. Das Blech in den Ofen schieben und den Fladen 30 bis 35 Minuten backen.

(auf dem Foto: oben)

Schinkenbrot

Für 1 Brot
Zubereitungszeit
ca. 30 Min.
Zeit zum Gehen
ca. 1 Std. 15 Min.
Backzeit
ca. 35 Min.

125 g roher Schinken
250 g Roggenmehl Type 997
100 g Weizenmehl Type 1050
1 TL Salz
15 g frische Hefe (ca. 1/3 Würfel)
200 ml lauwarmes Wasser
2 EL zerlassene Margarine
(z. B. Sanella)
Margarine für das Blech
lauwarme Milch zum Bestreichen
2 EL Sonnenblumenkerne zum
Bestreuen

So wird's gemacht
1. Den Schinken fein würfeln und in einer Pfanne ohne Fettzugabe kurz anbraten. Dann beiseite stellen. Die Mehle in einer Schüssel mit dem Salz vermischen. Die Hefe in eine Tasse bröckeln, darin in 3 Eßlöffeln Wasser auflösen und zusammen mit der Margarine und dem restlichen Wasser zum Mehl geben. Das Ganze zu einem glatten Teig verkneten. Diesen zur Kugel formen und zugedeckt an einem warmen Ort in etwa 1 Stunde zur doppelten Größe aufgehen lassen.
2. Den Teig nochmals durchkneten und die Schinkenwürfel einarbeiten. Ein Blech mit Margarine einstreichen. Den Teig zu einem Laib formen, diesen auf das Blech legen und mit Milch bestreichen. Mit Sonnenblumenkernen bestreuen und nochmals 15 Minuten gehen lassen.
3. Inzwischen den Backofen auf 200 ℃ vorheizen. Das Blech in den Ofen schieben und das Brot 30 bis 35 Minuten backen.

(auf dem Foto: Mitte links)

Kümmelbrot

Für 1 Brot
Zubereitungszeit
ca. 30 Min.
Zeit zum Gehen
ca. 1 Std. 15 Min.
Backzeit
ca. 1 Std.

150 g Roggenvollkornschrot
150 g Weizenmehl Type 1700
300 g Weizenmehl Type 550
42 g frische Hefe (1 Würfel)
100 ml lauwarmes Wasser
150 ml lauwarmes, helles Bier
125 g zerlassene Margarine
(z. B. Sanella)
2 Eier
1 TL Salz
1 EL Kümmel
frisch geriebene Muskatnuß
Margarine für die Form

So wird's gemacht
1. Die Mehle in einer Schüssel miteinander vermischen und eine Mulde hineindrücken. Die Hefe in ein Rührgefäß bröckeln, darin im Wasser auflösen und die Mischung in die Mulde gießen. Die restlichen Zutaten hinzufügen und das Ganze mit den Knethaken eines Handrührgeräts zu einem Teig verkneten.
2. Den Teig zur Kugel formen und zugedeckt an einem warmen Ort in etwa 1 Stunde zur doppelten Größe aufgehen lassen. Dann nochmals kräftig durchkneten.
3. Den Backofen auf 200 ℃ vorheizen. Eine Kastenform mit Margarine ausstreichen. Den Teig hineinfüllen, glattstreichen und mit einem Messer der Länge nach einschneiden. Das Brot nochmals 15 Minuten gehen lassen und dann im Ofen 50 bis 60 Minuten backen.

(auf dem Foto: Mitte rechts)

Feinschmeckerbrot

Für 1 Brot
Zubereitungszeit
ca. 30 Min.
Zeit zum Gehen
ca. 45 Min.
Backzeit
ca. 1 Std.

500 g Weizenmehl Type 1050
200 g Müslimischung
(z. B. Feinschmecker Müsli von Kölln)
3 EL Haferflocken
2 Päckchen Trockenhefe
1 EL Sonnenblumenöl
1 TL Zucker
1/2 TL Salz
425 ml lauwarmes Wasser
2 EL Haferflocken zum Wälzen
lauwarme Milch zum Bestreichen

So wird's gemacht
1. Mehl, Müslimischung, Haferflocken und Trockenhefe in einer Schüssel gründlich miteinander vermischen. In die Mitte der Mischung eine Mulde drücken, das Sonnenblumenöl und den Zucker hineingeben. Das Salz am Rand verteilen.
2. Nach und nach das Wasser dazugeben und von der Mitte her alle Zutaten zu einem geschmeidigen Teig verrühren. Diesen gut durchkneten, zur Kugel formen, abdecken und an einem warmen Ort etwa 30 Minuten gehen lassen.
3. Den Teig erneut gut durchkneten und dann daraus einen runden oder länglichen Laib formen. Den Laib in Haferflocken wälzen. Ein Backblech mit Backpapier belegen, den Laib daraufgeben und mit lauwarmer Milch bestreichen. An einem warmen Ort zugedeckt nochmals etwa 15 Minuten gehen lassen.

4. In der Zwischenzeit den Backofen auf 200 °C vorheizen. Das Blech auf der mittleren Einschubleiste in den Ofen schieben und das Feinschmeckerbrot 50 bis 60 Minuten backen.

Tip ▬▬▬

Das Feinschmeckerbrot sollte möglichst frisch verzehrt werden. Es schmeckt sowohl mit Butter, Marmelade oder Honig bestrichen lecker als auch mit pikanten Belägen.

Rüblibrot

Für 1 Brot
Zubereitungszeit
ca. 45 Min.
Zeit zum Gehen
ca. 40 Min.
Backzeit
ca. 1 Std.

4 mittelgroße Karotten
1 EL Pflanzenöl
350 ml lauwarmes Wasser
1–2 TL Jodsalz
1 TL brauner Zucker
2 EL Sonnenblumenkerne
2 EL Schnittlauchröllchen
2 EL Sesamsamen
150 g Haferflocken (z. B. von Kölln)
400 g Weizenmehl Type 550
42 g frische, zerbröckelte Hefe
(1 Würfel)
Butter für die Form
3 EL Haferflocken zum Bestreuen

So wird's gemacht

1. Die Karotten schälen, fein raspeln und im Öl kurz dünsten. Dann zusammen mit den restlichen Zutaten in eine große Schüssel geben. Das Ganze zu einem glatten Teig verkneten. Diesen zur Kugel formen und zugedeckt an einem warmen Ort etwa 30 Minuten gehen lassen.

2. Eine Kastenform mit Butter ausstreichen. Den Teig erneut gut durchkneten und dann in die Form geben. Zugedeckt nochmals 10 Minuten gehen lassen.

3. Den Backofen auf 200 °C vorheizen und eine feuerfeste, mit Wasser gefüllte Schale hineinstellen. Das Brot mit Wasser bepinseln, mit Haferflocken bestreuen und im Ofen 50 bis 60 Minuten backen.

Buttermilch-Dreikorn-Brot

Für 1 Brot
Zubereitungszeit
ca. 30 Min.
Zeit zum Gehen
ca. 1 Std.
Backzeit
ca. 45 Min.

450 g Weizenmehl Type 405
42 g frische Hefe (1 Würfel)
250 ml lauwarme Buttermilch
(z. B. von Müller)
1 TL Salz
50 g Leinsamen
2 EL Sesamsamen
50 g Sonnenblumenkerne
1 TL Kümmel
1 TL grob gemahlener Koriander
Margarine für das Blech
Koriandersamen zum Bestreuen

So wird's gemacht
1. Das Mehl in eine Schüssel sieben und in die Mitte eine Mulde drücken. Die Hefe in die Mulde bröckeln und die Buttermilch darübergießen. Die Mischung mit einer Gabel leicht verrühren und den Vorteig zugedeckt an einem warmen Ort etwa 20 Minuten gehen lassen.
2. Dann das Salz hinzufügen und den Vorteig mit dem Mehl verrühren. Leinsamen, Sesamsamen, Sonnenblumenkerne, Kümmel sowie gemahlenen Koriander dazugeben und das Ganze zu einem glatten Teig verkneten.
3. Den Teig zur Kugel formen, wieder in die Schüssel geben, abdecken und an einem warmen Ort in 30 Minuten zur doppelten Größe aufgehen lassen.
4. Anschließend erneut kräftig durchkneten und aus dem Teig einen Laib formen. Ein Backblech mit Margarine einstreichen.

5. Den Laib daraufsetzen, an der Oberfläche mehrmals schräg einschneiden und mit Wasser bestreichen. Mit Koriandersamen bestreuen und nochmals zugedeckt an einem warmen Ort etwa 15 Minuten gehen lassen.
6. In der Zwischenzeit den Backofen auf 200 °C vorheizen. Eine feuerfeste, mit Wasser gefüllte Schale hineinstellen. Das Blech auf der mittleren Einschubleiste in den Ofen schieben und das Buttermilch-Dreikorn-Brot 40 bis 45 Minuten backen.
7. Das Brot auf einem Gitterrost gut abkühlen lassen und vor dem Anschneiden etwas ruhen lassen.

(auf dem Foto: oben)

Tip ▬▬▬▬▬▬▬

Bei Hefeteigen, die mit Buttermilch zubereitet werden, sollten Sie die Buttermilch ganz kurz vor der Verwendung erwärmen. Wenn Buttermilch zu lange erhitzt wird, besteht die Gefahr (auch bei sehr niedrigen Temperaturen), daß diese gerinnt. Wenn Sie einen Mikrowellenherd besitzen, können Sie die benötigten Flüssigkeiten zur Teigzubereitung (also auch Wasser, Milch etc.) darin mit genauen Temperaturangaben und exakter Zeitangabe erhitzen.

Kümmelfladen

Für 6 Fladen
Zubereitungszeit
ca. 30 Min.
Zeit zum Gehen
ca. 1 Std. 15 Min.
Backzeit
ca. 30 Min.

400 g Weizenmehl Type 405
100 g Roggenmehl Type 997
42 g frische Hefe (1 Würfel)
250 ml lauwarme Buttermilch
1 TL Kümmel
1 TL Koriandersamen
1 TL Salz
Mehl zum Kneten
Margarine für das Blech
Kümmel und grobes Salz
zum Bestreuen

So wird's gemacht
1. Die Mehle in einer Schüssel vermischen und in die Mitte eine Mulde hineindrücken. Die Hefe in die Mulde bröckeln und die Buttermilch darübergießen. Die Mischung mit einer Gabel leicht verrühren und den Vorteig zugedeckt an einem warmen Ort 20 Minuten gehen lassen.
2. Dann die Gewürze und das Salz hinzufügen und das Ganze zu einem glatten Teig verkneten. Diesen zugedeckt an einem warmen Ort 30 Minuten gehen lassen.
3. Anschließend kräftig durchkneten. Den Teig in sechs gleich große Stücke teilen und jedes Stück zu einem etwa daumendicken Fladen ausrollen. Ein Blech mit Margarine einstreichen, die Fladen daraufsetzen, mit einer Gabel mehrmals einstechen und mit Wasser bestreichen. Nochmals etwa 15 Minuten gehen lassen.
4. Inzwischen den Backofen auf 200 °C vorheizen. Die Fladen mit Kümmel und grobem Salz bestreuen und im Ofen 30 bis 35 Minuten backen.

(auf dem Foto: unten)

Haferstangenbrot

Für 3 Brote
Zubereitungszeit
ca. 30 Min.
Zeit zum Gehen
ca. 1 Std. 15 Min.
Backzeit
ca. 25 Min.

750 g Weizenmehl Type 1050
42 g frische Hefe (1 Würfel)
1 TL Zucker
500 ml lauwarme Milch
250 g Haferflocken
(z. B. Köllns Kernige)
1 EL Salz
60 g Butter
1 Ei
Mehl zum Kneten
Margarine für das Blech
Milch zum Bestreichen

So wird's gemacht

1. Das Mehl in eine Schüssel geben und in die Mitte eine Mulde hineindrücken. Die Hefe in die Mulde bröckeln, den Zucker hinzufügen, die Milch darübergießen und die Mischung mit zwei Dritteln des Mehls zu einem dickflüssigen Teig verrühren.

2. Den Vorteig mit dem restlichen Mehl und den Haferflocken bedecken. Das Salz an den Schüsselrand streuen. Den Vorteig mit einem Tuch abdecken und an einem warmen Ort 20 bis 30 Minuten gehen lassen.

3. Dann die Butter und das Ei hinzufügen und das Ganze auf einer bemehlten Arbeitsfläche zu einem glatten Teig verarbeiten. Den Teig zur Kugel formen, wieder in die Schüssel geben und zugedeckt an einem warmen Ort nochmals 20 bis 30 Minuten gehen lassen.

4. Den Teig kräftig durchkneten und auf einer bemehlten Arbeitsfläche in drei Stücke teilen. Jedes Teil zur Kugel, und dann zu einem Stangenbrot formen. Ein Blech mit Margarine einstreichen und die Stangenbrote darauflegen. Mit Milch bestreichen und zugedeckt nochmals 15 Minuten gehen lassen.

5. Den Backofen auf 220 °C vorheizen und eine feuerfeste, mit Wasser gefüllte Schale hineinstellen. Die Brote jeweils mit etwa 10 Einschnitten versehen und nochmals mit Milch bestreichen. Im Ofen 20 bis 25 Minuten backen.

Hafer-Kartoffel-Brot

Für 2 Brote
Zubereitungszeit
ca. 30 Min.
Zeit zum Gehen
ca. 45 Min.
Backzeit
ca. 30 Min.

250 g mehligkochende Kartoffeln
30 g frische Hefe (ca. ³/₄ Würfel)
125 ml lauwarmes Wasser
350 g Weizenmehl Type 405
100 g zarte Haferflocken
(z. B. Blütenzarte Köllnflocken)
1 TL Salz
Margarine für das Blech
1 Eigelb zum Bestreichen
Haferflocken zum Bestreuen

So wird's gemacht
1. Die Kartoffeln in Wasser garen, kalt abschrecken, pellen und abkühlen lassen. Die Hefe in eine Tasse bröckeln und darin in 1 Eßlöffel warmem Wasser auflösen.
2. Das Mehl zusammen mit den Haferflocken in eine große Schüssel geben, vermischen und in die Mitte eine Mulde hineindrücken. Das Salz auf den Schüsselrand streuen. Die angerührte Hefe in die Mulde gießen. Die Kartoffeln durch eine Presse drücken oder mit einem Stampfer zerkleinern.
3. Die Kartoffeln zusammen mit dem restlichen Wasser in die Schüssel geben und alles kräftig miteinander zu einem Teig verkneten. Den Teig zur Kugel formen und zugedeckt an einem warmen Ort 40 bis 45 Minuten gehen lassen.
4. Den Backofen auf 225 °C vorheizen. Ein Backblech mit Margarine ein- streichen. Den Teig erneut gut durchkneten und 2 Laibe daraus formen. Die Laibe auf das Blech legen und jeweils an der Oberfläche drei mal quer einritzen.
5. Das Eigelb mit etwas Wasser glatt- rühren und die Brote mit der Mi- schung bestreichen. Mit Hafer- flocken bestreuen und im Ofen auf der mittleren Einschubleiste etwa 30 Minuten backen. Die Brote da- nach auf einem Gitterrost abkühlen lassen.

Olivenbrot

Für 1 Brot
Zubereitungszeit
ca. 2 Std.
Zeit zum Gehen
ca. 2 Std.
Backzeitca.
45 Min.

400 g Weizenvollkornmehl
1 TL Salz
21 g frische Hefe (ca. 1/2 Würfel)
250 ml lauwarme Milch
50 g schwarze Oliven
50 g grüne Oliven
1 EL Sonnenblumenkerne
5 EL kaltgepreßtes Olivenöl
Margarine für das Blech

So wird's gemacht

1. Das Mehl mit dem Salz in einer Schüssel vermischen. Die Hefe zerbröckeln und in der Milch auflösen. Die Oliven jeweils entkernen, grob hacken und zusammen mit den Sonnenblumenkernen, der angerührten Hefe sowie dem Olivenöl zum Mehl geben.

2. Alle Zutaten zu einem geschmeidigen Teig verarbeiten. Diesen zur Kugel formen und zugedeckt an einem warmen Ort etwa 1 1/2 Stunden gehen lassen.

3. Ein Backblech mit Margarine einstreichen. Den Teig nochmals kräftig durchkneten und dann einen länglichen Laib daraus formen. Diesen auf das Blech setzen.

4. Die Teigoberfläche mit einem Messer mehrmals über Kreuz einschneiden und mit etwas Mehl bestäuben. Etwa 30 Minuten gehen lassen. Backofen auf 220 °C vorheizen.

5. Das Brot auf der untersten Schiene des Ofens 30 Minuten lang backen. Dann den Ofen auf 180 °C herunterschalten und das Olivenbrot in weiterer 25 Minuten fertigbacken.

Tip

Bestreuen Sie das Olivenbrot vor dem Backen mit geschälten Sonnenblumenkernen. Sie können es ofenwarm oder kalt servieren. Das delikat schmeckende Brot ist ideal , wenn Sie ein kleines Fest oder eine Party veranstalten und paßt sowohl zu Wein als auch zu Bier.

Grahambrot

Für 1 Brot
Zubereitungszeit
ca. 30 Min.
Zeit zum Gehen
ca. 1 Std. 45 Min.
Backzeitca.
50 Min.

700 g feines Grahammehl Type 1700
300 g Weizenmehl Type 550
42 g frische Hefe (1 Würfel)
500 ml lauwarme Milch
2 EL Pflanzenöl
4 TL Salz
Mehl zum Kneten
lauwarmes Wasser zum Bestreichen

So wird's gemacht

1. Die Mehle in einer Schüssel vermischen und in die Mitte eine Mulde drücken. Die Hefe in der Milch auflösen und in die Mulde gießen. Das Öl dazugeben, das Salz an den Rand streuen. Alles zu einem Teig verarbeiten. Diesen auf einer bemehlten Arbeitsfläche 10 bis 15 Minuten gut durchkneten. Zur Kugel formen und zugedeckt an einem warmen Ort 1 Stunde gehen lassen.

2. Nochmals durchkneten, dann einen länglichen Laib daraus formen. Diesen auf ein mit Backpapier belegtes Blech legen und an der Oberfläche mehrmals über Kreuz einschneiden. Zugedeckt an einem warmen Ort 45 Minuten gehen lassen, dabei mehrmals mit Wasser bestreichen.

3. Backofen auf 250 °C vorheizen und eine feuerfeste, mit Wasser gefüllte Schale hineinstellen. Das Brot im Ofen 10 Minuten backen, dann die Hitze auf 200 °C reduzieren und das Brot in etwa 40 Minuten fertigbacken. Abkühlen lassen.

Bauernbrot

Für 1 Brot
Zubereitungszeit
ca. 45 Min.
Zeit zum Gehen
ca. 1 Std. 15 Min.
Backzeit
ca. 50 Min.

800 g Roggenmehl Type 1150
200 g Weizenbackschrot Type 1700
21 g frische Hefe (ca. 1/2 Würfel)
600 ml lauwarmes Wasser
1 EL Salz
50 g zerlassene, abgekühlte
Margarine (z. B. Sanella)
Mehl zum Kneten
50 g grobgehackte
Sonnenblumenkerne
Margarine für das Blech
Milch zum Bestreichen
Sonnenblumenkerne zum Bestreuen

So wird's gemacht
1. Die Mehle in einer großen Schüssel vermischen und in die Mitte eine Mulde hineindrücken. Die Hefe in eine Tasse bröckeln und darin in 3 Eßlöffeln Wasser auflösen. Die Mischung in die Mulde gießen. Das Salz an den Rand streuen.
2. Die Margarine dazugeben und das Ganze unter Zugabe des restlichen Wassers mit einem Holzlöffel verrühren. Dann zu einem glatten Teig verarbeiten. Den Teig auf einer bemehlten Arbeitsfläche 10 bis 15 Minuten kräftig kneten, bis er geschmeidig ist und nicht mehr klebt.
3. Anschließend zur Kugel formen, diese in eine am Boden mit Mehl bestreute Schüssel legen. Die Schüssel in eine große Plastiktüte schieben, mit einem Küchentuch bedecken und den Teig an einem warmen Ort 50 bis 60 Minuten gehen lassen.
4. Den Teig nochmals durcharbeiten und dabei die Sonnenblumenkerne unterkneten. Ein Backblech mit

Margarine einstreichen. Aus dem Teig einen länglichen Laib formen, dabei etwas Teig für die Garnierung zurückbehalten.
5. Den Laib auf das Blech setzen und mit Milch bestreichen. Aus dem Teigrest drei Rollen formen, diese zu einem Zopf flechten und den Zopf der Länge nach auf den Brotlaib legen. Mit einem Küchentuch bedecken und an einem warmen Ort etwa 15 Minuten gehen lassen.
6. Den Backofen auf 200 °C vorheizen und eine feuerfeste, mit Wasser gefüllte Schale hineinstellen. Den Brotlaib nochmals mit Milch bepinseln und auf der mittleren Einschubleiste des Ofens 45 bis 50 Minuten backen. 10 Minuten vor Ende der Backzeit mit Sonnenblumenkernen bestreuen.
7. Das Bauernbrot nach dem Backen mit etwas Wasser bestreichen.

(auf dem Foto: links)

Sonnenrad

Für 1 Rad
Zubereitungszeit
ca. 1 Std.
Zeit zum Gehen
ca. 50 Min.
Backzeit
ca. 40 Min.

150 g Roggenvollkornmehl
350 g Weizenvollkornmehl
42 g frische Hefe (1 Würfel)
300 ml lauwarmes Wasser
2 TL Salz
2 TL gemahlener Kümmel
1 EL gemahlener Koriander
6 EL Sonnenblumenöl
Mehl zum Kneten
50 g grobgehackte
Sonnenblumenkerne
Butter für das Blech
1 Eigelb

So wird's gemacht
1. Die Mehle in einer großen Schüssel vermischen und in die Mitte eine Mulde drücken. Die Hefe in eine Tasse bröckeln und darin in 3 Eßlöffeln Wasser auflösen. Die Mischung in die Mulde gießen. Das Salz an den Rand streuen. Kümmel sowie Koriander dazugeben, restliches Wasser angießen und alles gründlich miteinander mischen.
2. 5 Eßlöffel Sonnenblumenöl hinzufügen und das Ganze auf einer bemehlten Arbeitsfläche so lange kneten, bis ein sehr geschmeidiger Teig entsteht. Die Sonnenblumenkerne unterarbeiten und den Teig zugedeckt an einem warmen Ort etwa 30 Minuten gehen lassen.
3. Anschließend den Teig nochmals gründlich durchkneten. Ein Backblech mit Butter einstreichen. Den Teig zur Kugel formen und auf das Blech legen. Nochmals zugedeckt etwa 20 Minuten gehen lassen.
4. Den Backofen auf 200 °C vorheizen und eine feuerfeste, mit Wasser gefüllte Schale hineinstellen.
5. Den Teig nochmals zur Kugel formen und in acht Stücke teilen. Sieben Stücke jeweils zu einer Rolle formen, die am Ende etwas dicker ist. Das achte Stück zu einem Teigstrang formen. Die Rollen strahlenförmig auf das Blech legen und in der Mitte zusammendrücken. Die Rollenenden jeweils etwas einrollen. Den Teigstrang schneckenförmig zusammenrollen und in die Mitte des Sonnenrades legen. Dabei etwas andrücken.
6. Das Eigelb mit etwas Wasser und dem restlichen Sonnenblumenöl verquirlen und die Teigoberfläche abwechselnd mit Mehl bestäuben und mit der Eigelbmischung bestreichen. Das Blech auf der mittleren Einschubleiste in den Ofen schieben und das Sonnenrad etwa 40 Minuten backen.

(auf dem Foto: oben rechts)

Brote aus Sauerteig

An die Herstellung eines Sauerteigs trauen sich auch geübte Brotbäcker nicht ohne Zögern heran. In der Tat bedarf es einiger Übung und Geduld, bis ein Sauerteig auch wirklich gelingt. Das Resultat ist dafür um so köstlicher. Außerdem gibt es heute Halbfertig-produkte wie Backferment, Sauerteig-extrakt und in Beuteln abgepackten Fertigsauerteig (siehe hierzu auch Seite 13 im Einleitungsteil); mit Hilfe die-ser Produkte ist das Zubereiten eines Sauerteigs problemlos. Sie müssen sich nur genau an die Packungsanwei-sungen halten, und Ihr Brot wird – wie gewünscht – schmackhaft und locker.

Roggenbrot

Für 1 Brot
Zubereitungszeit
ca. 1 Std. 45 Min.
Zeit zum Gehen
mind. 14 Std.
Backzeit ca. 1 Std.

Für den Vorteig:

300 g Roggenmehl Type 1150

2 gehäufte TL Backferment
(Halbfertigprodukt)

250 ml lauwarmes Wasser

Für den Hauptteig:

300 g Roggenmehl Type 1150

400 g Roggenbackschrot Type 1800

375 ml warmes Wasser

4 TL Salz

1 EL Pflanzenöl

Mehl zum Kneten

Butter für die Form

So wird's gemacht

1. Für den Vorteig das Mehl in eine Schüssel geben. Das Backferment in einigen Eßlöffeln Wasser klümpchenfrei auflösen. Das Ferment zusammen mit dem restlichen Wasser über das Mehl gießen und die Masse mit einem Schneebesen gründlich durchrühren. Den Teig glattstreichen, die Schüssel in einen Plastikbeutel schieben und mit einem Küchentuch bedecken. Den Teig über Nacht bei Zimmertemperatur gären lassen.

2. Für den Hauptteig Roggenmehl, Roggenbackschrot, in etwas Wasser aufgelöstes Salz, Öl und warmes Wasser zum Vorteig geben. Alles so verkneten, daß ein geschmeidiger Teig entsteht.

3. Den Teig in eine Schüssel geben und diesen, mit einem Plastikbeutel und einem Küchentuch bedeckt, an einem warmen Ort mindestens 1 Stunde gehen lassen. Dann mit Mehl bestreuen und auf einer bemehlten Arbeitsfläche so lange tüchtig durchkneten, bis er nicht mehr klebt und geschmeidig ist. Zu einem Laib formen und diesen in eine runde, ausgefettete Backform geben, die nur halb mit dem Laib gefüllt sein darf. Den Laib zugedeckt an einem warmen Ort nochmals 1 Stunde gehen lassen.

4. Den Backofen auf 250 ℃ vorheizen und eine feuerfeste, mit heißem Wasser gefüllte Schale hineinstellen. Das Brot auf der mittleren Einschubleiste etwa 10 Minuten backen, dann die Hitze auf 200 ℃ reduzieren und das Brot weitere 50 Minuten backen. Dann mit warmem Wasser bestreichen, aus der Form stürzen und auf einem Gitterrost abkühlen lassen.

Bauernbrot Rusticana

Für 1 Brot
Zubereitungszeit
ca. 45 Min.
Zeit zum Gehen
1 Std. 30 Min.
Backzeit ca. 1 Std.

250 g Roggenvollkornmehl
250 g Weizenvolkornmehl
125 g Sauerteig (Halbfertigprodukt)
21 g frische Hefe (ca. $^1/_2$ Würfel)
375 g Buttermilch (z. B. von MÜLLER)
1$^1/_2$ TL Salz
150 g eingeweichte, gequollene
Weizenkörner
3 EL geschälte Sonnenblumenkerne

So wird's gemacht
1. Die Mehle in einer Schüssel
   mischen, in die Mitte den Sauerteig
   geben und die Hefe hineinbröckeln.
   Die Buttermilch dazugießen und mit
   der Hefe und dem Sauerteig verrühren. Salz und Weizenkörner hinzufügen und das Ganze zu einem
   glatten Teig kneten.
2. Den Teig zur Kugel formen und zugedeckt an einem warmen Ort
   45 Minuten gehen lassen. Dann kurz
   durchkneten, einen länglichen Laib
   formen und diesen zugedeckt
   nochmals 45 Minuten gehen lassen.
3. Backofen auf 250 °C vorheizen und
   eine feuerfeste, mit Wasser gefüllt
   Schale hineinstellen. Den Laib auf
   ein heißes Blech setzen und etwa
   30 Minuten backen. Dann die Hitze
   auf 200 °C reduzieren und das Brot
   nochmals 30 Minuten backen. Vor
   dem Anschneiden auf einem Gitterrost abkühlen lassen.

Nußbrot

Für 1 Brot
Zubereitungszeit
ca. 30 Min.
Zeit zum Gehen
ca. 2 Std.
Backzeit
ca. 50 Min.

125 g Roggenbackschrot Type 1800
125 g Weizenbackschrot Type 1700
125 g Sauerteig (Halbfertigprodukt)
15 g frische Hefe (ca. 1/3 Würfel)
175 ml lauwarme Buttermilch
(z. B. von Müller)
1 TL Salz
je 1/2 TL gemahlener Kümmel
und Koriander
100 g grobgehackte, gemischte Nüsse
(z. B. Hasel-, Wal- und Paranüsse)
Mehl zum Kneten

So wird's gemacht
1. Roggenbackschrot und Weizenschrot in einer Schüssel vermischen und in die Mitte eine Mulde drücken. Den Sauerteig in die Mulde geben. Die Hefe in 2 Eßlöffeln Buttermilch auflösen und hinzufügen. Restliche Buttermilch dazugießen und das Ganze zu einem glatten Teig verkneten. Diesen zugedeckt an einem warmen Ort 1 Stunde gehen lassen.
2. Salz, Kümmel, Koriander sowie Nüsse zum Teig geben und diesen auf einer bemehlten Arbeitsfläche gründlich durchkneten. Eine Kastenform kalt ausspülen, den Teig hineinfüllen und nochmals zugedeckt an einem warmen Ort 1 Stunde gehen lassen.
3. Den Backofen auf 220 °C vorheizen und eine feuerfeste, mit Wasser gefüllte Schale hineinstellen. Das Brot etwa 25 Minuten backen. Dann die Hitze auf 190 °C reduzieren und das Brot in 20 bis 25 Minuten fertigbacken.

(auf dem Foto: links)

Aretsrieder Buttermilchlaib

Für 1 Brot
Zubereitungszeit
ca. 45 Min.
Zeit zum Gehen
ca. 2 Std.
Backzeit
ca. 1 Std.

250 g Roggenbackschrot Type 1800
250 g Weizenbackschrot Type 1700
250 g Sauerteig (Halbfertigprodukt)
21 g frische Hefe (ca. 1/2 Würfel)
350 ml lauwarme Buttermilch
(z. B. von Müller)
1 EL Salz, je 1/2 TL gemahlener
Kümmel und Koriander
Mehl zum Kneten und zum Bestäuben

So wird's gemacht
1. Roggenbackschrot und Weizenschrot in einer Schüssel vermischen und in die Mitte eine Mulde drücken. Den Sauerteig in die Mulde geben. Die Hefe in 2 Eßlöffeln Buttermilch auflösen und hinzufügen. Restliche Buttermilch dazugießen und das Ganze zu einem glatten Teig verkneten. Diesen zugedeckt an einem warmen Ort 1 Stunde gehen lassen.
2. Salz und Gewürze zum Teig geben und diesen auf einer bemehlten Arbeitsfläche gründlich durchkneten. Einen runden Laib formen, diesen in einen bemehlten Backkorb legen und zugedeckt an einem warmen Ort 1 Stunde gehen lassen.
3. Den Backofen auf 240 °C vorheizen und eine feuerfeste, mit Wasser gefüllte Schale hineinstellen. Ein Blech im Ofen heiß werden lassen. Den Laib aus der Form auf das Blech stürzen und im Ofen etwa 20 Minuten backen. Die Hitze auf 210 °C reduzieren und das Brot nochmals 35 bis 40 Minuten backen.

(auf dem Foto: oben rechts)

Buttermilchbrot mit Kümmel

Für 1 Brot
Zubereitungszeit
ca. 30 Min.
Zeit zum Gehen
ca. 2 Std.
Backzeit
ca. 50 Min.

125 g Roggenbackschrot Type 1800
125 g Weizenbackschrot Type 1700
125 g Sauerteig (Halbfertigprodukt)
15 g frische Hefe (ca. 1/3 Würfel)
175 ml lauwarme Buttermilch
(z. B. von Müller)
1 TL Salz, je 1/2 TL gemahlener
Kümmel und Koriander
1 TL ganzer Kümmel
Mehl zum Kneten
Kümmel zum Bestreuen

So wird's gemacht
1. Schrote mischen und eine Mulde hineindrücken. Den Sauerteig in die Mulde geben. Die Hefe in 2 Eßlöffeln Buttermilch auflösen und hinzufügen. Restliche Buttermilch dazugießen und das Ganze zu einem glatten Teig verkneten. Zugedeckt 1 Stunde gehen lassen.
2. Salz und Gewürze zum Teig geben und diesen gründlich durchkneten. Zu einem länglichen Laib formen, mit Mehl bestäuben und zugedeckt an einem warmen Ort 1 Stunde gehen lassen, bis sich das Volumen des Laibes vergrößert hat.
3. Den Backofen auf 220 °C vorheizen und eine feuerfeste, mit Wasser gefüllte Schale hineinstellen. Ein Blech im Ofen heiß werden lassen und den Laib darauflegen. Ihn in der Mitte einmal längs einschneiden. Etwas Kümmel in den Schnitt streuen. Das Brot 25 Minuten backen. Die Hitze auf 190 °C reduzieren und das Brot in 20 bis 25 Minuten fertigbacken.

(auf dem Foto: unten rechts)

Weizenmischbrot

Für 1 Brot
Zubereitungszeit
ca. 45 Min.
Zeit zum Gehen
mind. 14 Std.
Backzeit
ca. 50 Min.

Für den Vorteig:

300 g Roggenmehl Type 1150

30 ml lauwarmes Wasser

2 gehäufte TL Backferment
(Halbfertigprodukt)

Für den Hauptteig:

550 g Weizenmehl Type 1050

150 g Weizenvollkornschrot
Type 1700

250 ml warmes Wasser

4 TL Salz

1 TL Zucker

2 EL Pflanzenöl

Mehl zum Kneten und Bestäuben

So wird's gemacht

1. Den Vorteig wie auf Seite 52 beschrieben ansetzen und diesen über Nacht gären lassen. Für den Hauptteig Weizenmehl, Weizenvollkornschrot, Wasser, Salz, Zucker und Öl zum Vorteig geben. Das Ganze zu einem festen, geschmeidigen Teig kneten.
2. Den Teig in eine Schüssel geben und diesen, mit einem Plastikbeutel und einem Küchentuch bedeckt, an einem warmen Ort mindestens 1 Stunde gehen lassen. Dann den Teig mit Mehl bestreuen und auf einer bemehlten Arbeitsfläche so lange tüchtig durchkneten, bis er nicht mehr klebt und geschmeidig ist.
3. Den Teig zu einem länglichen Laib formen und diesen auf ein mit Backpapier belegtes Blech setzen. Mit Mehl bestäuben und zugedeckt nochmals 1 Stunde an einem warmen Ort gehen lassen.

4. Nach 45 Minuten Gehzeit den Laib der Länge nach mit einem scharfen Messer etwa 2 cm tief einschneiden. Den Backofen auf 250 °C vorheizen und eine feuerfeste, mit heißem Wasser gefüllte Schale hineinstellen. Das Brot auf der mittleren Einschubleiste etwa 50 Minuten backen. Vor dem Anschneiden auf einem Gitterrost abkühlen lassen.

Tip

Dieses milde, weiche Brot paßt für viele Gelegenheiten und ist für süße und pikante Beläge geeignet. Frisch schmeckt es am besten.

Buttermilch-Zwiebel-Brot

Für 1 Brot
Zubereitungszeit
ca. 30 Min.
Zeit zum Gehen
ca. 1 Std. 30 Min.
Backzeit
ca. 1 Std.

250 g Roggenvollkornmehl
250 g Weizenvollkornmehl
250 g Sauerteig (Halbfertigprodukt)
350 ml zimmerwarme Buttermilch
(z. B. von Müller)
1¹/₂ TL Salz
1 große Zwiebel (ca. 100 g)
1 EL Butter- oder Schweineschmalz
3 EL Koriandersamenkörner

So wird's gemacht

1. Die Mehle in einer Schüssel mischen, in die Mitte den Sauerteig geben. Die Buttermilch und das Salz hinzufügen und das Ganze zu einem glatten Teig kneten. Den Teig zur Kugel formen und zugedeckt an einem warmen Ort 45 Minuten gehen lassen.

2. Die Zwiebel schälen, sehr fein hacken und im Butter- oder Schweineschmalz goldgelb dünsten. Zwiebel und Fett zusammen mit Koriander gründlich unter den Teig kneten. Diesen erneut zur Kugel formen und zugedeckt nochmals 45 Minuten gehen lassen.

3. Backofen auf 250 °C vorheizen und eine feuerfeste, mit Wasser gefüllte Schale hineinstellen. Die Teigkugel auf ein heißes Blech setzen und etwa 30 Minuten backen. Dann die Hitze auf 200 °C reduzieren und das Brot nochmals 30 Minuten backen. Vor dem Anschneiden auf einem Gitterrost abkühlen lassen.

Leinsamenbrot

Für 1 Brot
Zubereitungszeit
ca. 45 Min.
Zeit zum Gehen
mind. 14 Std.
Backzeit
ca. 1 Std.

Für den Vorteig:

300 g Weizenvollkornschrot Type 1700
300 ml lauwarmes Wasser
2 gehäufte TL Backferment (Halbfertigprodukt)

Für den Hauptteig:

350 g Weizenmehl Type 1050
200 g Sechskornschrot
100 g Grünkernschrot
100 g Leinsamenschrot
250 ml warmes Wasser
4 TL Salz
1–2 TL Schabzigerklee
4 EL Pflanzenöl
Mehl zum Kneten
Margarine für das Blech

So wird's gemacht

1. Für den Vorteig das Weizenvollkornschrot in eine große Schüssel geben. Das Backferment in einem kleinen Teil der angegebenen Wassermenge mit einem Schneebesen ganz klümpchenfrei auflösen.
2. Das Ferment zusammen mit dem restlichen Wasser über das Schrot gießen und die Masse mit den Quirlhaken eines Handrührgeräts oder einem Schneebesen gründlich durchrühren.
3. Die Oberfläche des Teiges glattstreichen, die Schüssel in einen Plastikbeutel schieben und mit einem Küchentuch bedecken. Den Teig mindestens 12 Stunden, am besten über Nacht bei Zimmertemperatur gären lassen. An seiner Oberfläche sollten sich feine Risse und Gärungsbläschen zeigen.

3. Am nächsten Tag für den Hauptteig Weizenmehl, Sechskorn-, Grünkern- und Leinsamenschrot, in etwas Wasser aufgelöstes Salz, Öl und warmes Wasser zum Vorteig geben. Alles so verkneten, daß ein geschmeidiger Teig entsteht.
4. Den Teig in eine Schüssel geben und diesen, mit einem Plastikbeutel und einem Küchentuch bedeckt, an einem warmen Ort mindestens 1 Stunde gehen lassen.
5. Den Teig mit Mehl bestreuen, auf eine bemehlte Arbeitsfläche stürzen und so lange tüchtig durchkneten, bis er nicht mehr klebt und fest sowie geschmeidig ist.
6. Ein Backblech mit Margarine einstreichen. Den Teig zu einem länglichen Laib formen und diesen auf das Blech setzen. Den Laib mit einem Küchentuch bedecken und an einem warmen Ort nochmals 1 Stunde gehen lassen, bis sich sein Volumen verdoppelt hat.
7. Den Laib mit warmem Wasser bepinseln und mit einem scharfen Messer oder einer Schere zweimal der Länge nach etwa 1 cm tief einschneiden.
8. Den Backofen auf 250 °C vorheizen. Eine mit heißem Wasser gefüllte, feuerfeste Schale in den Backofen stellen. Das Brot auf der mittleren Einschubleiste 10 Minuten backen. Dann die Hitze auf 200 °C reduzieren und das Brot nochmals 50 Minuten backen. Falls die Oberfläche zu sehr bräunt, gegen Ende des Backvorgangs Alufolie über das Brot decken.
9. Das Brot mit warmem Wasser bestreichen und auf einem Gitterrost abkühlen lassen.

Tip

Schabzigerklee ist ein Würzkraut, das nur in großen Höhen gedeiht. In der Schweiz werden weiße, kegelförmige Hartkäse aus Kuhmilch hergestellt die durch Schabzigerklee ihr unverwechselbares Aroma erhalten. Der Würzkäse wird vor dem Reifungsprozeß mit getrocknetem, gemahlenem Klee vermischt. Der Klee verleiht dem Leinsamenbrot einen kräftig-würzigen Geschmack, und der Schabzigerkäse paßt als Belag besonders gut dazu. Sie erhalten Schabzigerklee in Reformhäusern oder auf Wochenmärkten an sogenannten „Kräuterständen". Falls sie das Kraut nicht bekommen können, können Sie dieses Rezept trotzdem ausprobieren, das Brot schmeckt ohne Klee etwas milder. Ersatzweise können Sie je nach Vorliebe auch ein anderes Brotgewürz, wie zum Beispiel gemahlenen Kümmel, Koriander oder gemahlene Fenchelsamen verwenden.

Variation

Wälzen Sie das Brot vor dem Backen in Leinsamen oder bestreuen Sie nur die Teigoberfläche damit.

Speck-Zwiebel-Brot

Für 1 Brot
Zubereitungszeit
ca. 2 Std.
Zeit zum Gehen
ca. 50 Min.
Backzeit
ca. 1 Std.

375 g Roggenbackschrot Type 1800
375 g Weizenbackschrot Type 1700
1 EL Salz
1 TL Zucker
250 ml trockener Weißwein
42 g frische Hefe (1 Würfel)
150 Sauerteig (Halbfertigprodukt)
150 g Räucherspeck
100 g Zwiebeln
Mehl zum Kneten
Margarine für das Blech

So wird's gemacht

1. Die Mehlsorten zusammen mit dem Salz und dem Zucker in eine große Schüssel geben. Den Wein in einem Topf zusammen mit 1/4 Liter Wasser erwärmen.

2. Die Hefe und den Sauerteig miteinander verrühren, zusammen mit der Wein-Wasser-Mischung zum Mehl geben und alles mit den Knethaken eines Handrührgeräts gut verkneten. Den Teig zugedeckt an einem warmen Ort etwa 30 Minuten gehen lassen.

3. Den Speck kleinschneiden. Die Zwiebeln schälen und würfeln. Den Speck in einer Pfanne auslassen, dann die Zwiebelwürfel hinzufügen und goldgelb braten. Die Speck-Zwiebel-Mischung etwas abkühlen lassen, dann unter den Teig kneten. Den Teig anschließend auf einer bemehlten Arbeitsfläche so lange kneten, bis er glatt und geschmeidig ist.

4. Den Teig zur Kugel formen, mit Mehl bestäuben, in ein Küchentuch einschlagen und nochmals 20 Minuten gehen lassen. Den Backofen auf 225 ℃ vorheizen. Ein Backblech mit Margarine einstreichen.

5. Die Teigkugel auf das Blech legen und an der Oberfläche mehrmals diagonal einkerben. Das Brot im Ofen etwa 15 Minuten backen. Dann die Hitze auf 200 ℃ reduzieren und das Brot nochmals 40 bis 45 Minuten backen.

Tip

Mit selbstgemachtem Kräuterquark bestrichen, schmeckt das Brot besonders köstlich.

Winzerbrot

Für 1 Brot
Zubereitungszeit
ca. 45 Min.
Zeit zum Gehen
ca. 1 Std. 30 Min.
Backzeit
ca. 1 Std.

250 g Roggenvollkornmehl
300 g Weizenvollkornmehl
250 g Sauerteig (Halbfertigprodukt)
2 EL Salz
350 ml lauwarme Buttermilch
1 große Zwiebel
1 EL Butterschmalz
1 EL gemahlener Koriander

So wird's gemacht
1. Die beiden Mehlsorten in einer Schüssel gut mischen und in die Mitte eine Mulde hineindrücken. Den Sauerteig, das Salz, und die Buttermilch in die Mulde geben und das Ganze sehr gut miteinander verkneten. Den Teig zugedeckt an einem warmen Ort etwa 45 Minuten gehen lassen.
2. Die Zwiebel schälen und auf einer Rohkostreibe fein reiben. Das Butterschmalz in einer Pfanne erhitzen und die Zwiebel darin goldgelb dünsten. Kurz abkühlen lassen und dann die Zwiebel mitsamt dem Fett unter den Teig kneten. Den Koriander gründlich unterarbeiten.
3. Aus dem Teig einen runden Laib formen. Diesen mit einem Küchentuch bedecken und an einem warmen Ort 45 Minuten ruhen lassen.
4. Den Backofen auf 250 °C vorheizen und eine feuerfeste, mit Wasser ge-

füllte Schale hineinstellen. Ein Backblech im Ofen heiß werden lassen und dann mit Wasser befeuchten.
5. Den Brotlaib auf das Blech legen und auf der mittleren Einschubleiste etwa 30 Minuten backen. Dann die Hitze auf 200 °C reduzieren und das Brot nochmals 30 Minuten backen. Vor dem Anschneiden auf einem Gitterrost gut abkühlen lassen.

Tip

Dieses herzhaft schmeckende Brot können Sie zusammen mit einem herben Weißwein servieren.

Berliner Brot

Für 1 Brot
Zubereitungszeit
ca. 45 Min.
Zeit zum Gehen
ca. 1 Std. 30 Min.
Backzeit
ca. 55 Min.

750 g Roggenmehl Type 1150
250 g Sauerteig (Halbfertigprodukt)
4 TL Salz
350 ml lauwarmes Wasser
2 EL Rübensirup
(in Reformhäusern erhältlich)
1 EL Sonnenblumenöl
Mehl zum Kneten
Margarine für das Blech

So wird's gemacht

1. Das Mehl in eine Schüssel geben und in die Mitte eine Mulde hineindrücken. Den Sauerteig in die Mulde geben. Das Salz in etwas lauwarmem Wasser auflösen und hinzufügen. Den Rübensirup, das Öl und das restliche Wasser in die Mulde gießen. Das Ganze sehr gut miteinander verkneten und den Teig zugedeckt an einem warmen Ort etwa 45 Minuten gehen lassen.

2. Eine Arbeitsfläche mit Mehl bestreuen und den Teig darauf 10 bis 15 Minuten kräftig durchkneten, bis er nicht mehr klebt und geschmeidig geworden ist.

3. Aus dem Teig einen runden oder länglichen Laib formen und diesen in einen bemehlten Backkkorb legen. Den Backkorb mit einem Küchentuch bedecken und den Laib an einem warmen Ort etwa 45 Minuten gehen lassen.

4. Den Backofen auf 250 °C vorheizen und eine feuerfeste, mit Wasser gefüllte Schale hineinstellen. Ein Backblech mit Margarine einstreichen. Den Brotlaib aus dem Korb auf das Blech stürzen, das Blech in den Ofen schieben und das Brot etwa 10 Minuten backen. Dann die Hitze auf 200 °C reduzieren und das Brot in etwa 45 Minuten fertigbacken. Vor dem Anschneiden auf einem Gitterrost gut abkühlen lassen.

Tip

Wenn Sie das Brot vor dem Verzehr einige Tage lagern, schmeckt es aromatischer. Wenn Sie keinen Backkorb besitzen, können Sie den Brotlaib auch von Hand formen und auf einem gefetteten Backblech gehen lassen.

Dunkles Landbrot

Für 1 Brot
Zubereitungszeit
ca. 45 Min.
Zeit zum Gehen
ca. 5 Std.
Backzeit
ca. 55 Min.

700 g Roggenmehl Type 1150
300 g Weizenmehl Type 1050
500 g Sauerteig (Halbfertigprodukt)
600 ml lauwarme Buttermilch
4 TL Salz
1/2 TL schwarzer Pfeffer
aus der Mühle
1 TL gemahlener Kümmel
1 EL Sonnenblumenöl
Mehl zum Kneten
Margarine für das Blech

So wird's gemacht

1. Die Mehle in einer Schüssel mischen, in die Mitte eine Mulde drücken. Den Sauerteig sowie 400 ml Buttermilch in die Mulde geben und das Ganze miteinander verkneten. Den Teig zugedeckt an einem warmen Ort etwa 4 Stunden gehen lassen.

2. Restliche Buttermilch, Salz, Pfeffer, Kümmel sowie Öl hinzufügen und den Teig auf einer bemehlten Arbeitsfläche kräftig durchkneten. Einen länglichen Laib formen und diesen zugedeckt auf einem gefetteten Blech etwa 1 Stunde gehen lassen.

3. Den Backofen auf 250 °C vorheizen und eine feuerfeste, mit Wasser gefüllte Schale hineinstellen. Das Blech in den Ofen schieben und das Brot etwa 10 Minuten backen. Dann die Hitze auf 200 °C reduzieren und das Brot in etwa 45 Minuten fertigbacken. Vor dem Anschneiden auf einem Gitterrost gut abkühlen lassen.

Bierbrot

Für 2 Brote
Zubereitungszeit
ca. 30 Min.
Zeit zum Gehen
ca. 1 Std. 30 Min.
Backzeit
ca. 1 Std. 30 Min.

84 g frische Hefe (ca. 2 Würfel)
1 Msp. Zucker
125 ml lauwarmes Wasser
1500 g Roggenmehl Type 1370
500 g Weizenmehl Type 1050
1 l helles Bier, 2 EL Salz
je 1/2 TL gemahlener Kümmel,
Koriander und Anis
Mehl zum Kneten
Margarine für das Blech

So wird's gemacht

1. Hefe und Zucker in einer Tasse mit dem Wasser verrühren. Die Mehle in einer Schüssel vermischen. In die Mitte eine Mulde drücken und die aufgelöste Hefe hineingeben.

2. Das Bier auf 30 °C erwärmen, unter Rühren zur Hefe geben und das Ganze mit dem Mehl mischen. Die Gewürze hinzufügen und alles verkneten. Zugedeckt an einem warmen Ort 40 Minuten gehen lassen. Gut durchkneten und zwei längliche Laibe formen. Diese zugedeckt an einem warmen Ort 45 Minuten gehen lassen.

3. Ein Backblech einfetten. Backofen auf 220 °C vorheizen und eine feuerfeste, mit Wasser gefüllte Schale hineinstellen. Die Laibe auf das Blech geben, mehrmals diagonal einkerben, mit Wasser bestreichen und etwa 1½ Stunden backen. Nach 15 Minuten die Ofentür kurz öffnen, damit der Dampf entweichen kann. Diesen Vorgang nach 1 Stunde Backzeit wiederholen. Die Brote sofort nach dem Backen mit Wasser bestreichen.

(auf dem Foto: links)

Zwiebelbrot

Für 3 kleine Brote
Zubereitungszeit
ca. 35 Min.
Zeit zum Gehen
ca. 12 Std.15 Min.
Backzeit
ca. 35 Min.

1 kg Roggenmehl Type 1150
63 g frische Hefe (ca. 1 1/2 Würfel)
100 g lauwarmer Sauerteig
(Halbfertigprodukt)
750 ml lauwarmes Wasser
2 TL Salz
1/2 TL schwarzer Pfeffer aus der Mühle
1 Msp. gemahlener Kardamom
4 große Zwiebeln, 2 EL Butter
Margarine für das Blech
Mehl zum Bestäuben

So wird's gemacht
1. Die Hälfte des Mehls in eine Schüssel geben. Hefe dazubröckeln, Sauerteig sowie Wasser hinzufügen und alles gut vermischen. Den Vorteig zugedeckt an einem warmen Ort über Nacht gehen lassen.
2. Die Gewürze und das restliche Mehl unter den Vorteig kneten. Den Teig so lange kneten und schlagen, bis er Blasen wirft. Die Zwiebeln schälen, würfeln und die Hälfte davon in der Butter goldgelb dünsten. Zusammen mit den rohen Zwiebeln unter den Teig kneten.
3. Ein Backblech mit Margarine einfetten. Den Backofen auf 220 °C vorheizen. Aus dem Teig drei längliche Laibe formen, diese auf das Blech geben und zugedeckt etwa 15 Minuten ruhen lassen.
4. Die Brotlaibe mit Wasser bestreichen und mit einem scharfen Messer mehrmals diagonal einkerben. Jeden Laib mit 1 Eßlöffel Mehl bestäuben. Die Zwiebelbrote auf der untersten Einschubleiste des Ofens etwa 35 Minuten backen.

(auf dem Foto: rechts)

Roggen-Koriander-Brot

Für 1 Brot
Zubereitungszeit
ca. 1 Std. 15 Min.
Zeit zum Gehen
ca. 14 Std.
Backzeit
ca. 1 Std. 30 Min.

750 g grobes Roggenschrot
750 g Roggenmehl Type 1370
250 g Sauerteig (Halbfertigprodukt)
1050 ml lauwarmes Wasser
1 EL Salz
1 TL gemahlener Koriander
50 g dunkler Sesamsamen
Margarine und Mehl für das Blech

So wird's gemacht
1. Roggenschrot und -mehl in einer Schüssel vermischen. In die Mitte eine Mulde drücken und den Sauerteig hineingeben. 350 ml Wasser dazugießen und von der Mitte aus Sauerteig, Wasser sowie ein Drittel des Mehls zu einem dicken Brei rühren. Den Ansatz zugedeckt an einem warmen Ort 3 bis 4 Stunden gehen lassen.
2. Diesen Vorgang noch zweimal unter Zugabe von jeweils 360 ml Wasser wiederholen, bis das ganze Mehl eingearbeitet ist. Salz, Koriander und Sesam unterkneten.
3. Den Teig noch einmal kräftig durchkneten und zu einem runden Laib formen. Ein Backblech mit Margarine bestreichen und mit Mehl bestäuben. Den Laib auf das Blech geben und zugedeckt an einem warmen Ort 2 Stunden gehen lassen.
4. Den Backofen auf 220 °C vorheizen und eine feuerfeste, mit Wasser gefüllte Schüssel hineinstellen. Das Brot mit lauwarmem Wasser bestreichen und dann im Ofen etwa 1½ Stunden backen.

(auf dem Foto: oben links)

Weizenbrot

Für 1 Brot
Zubereitungszeit
ca. 1 Std.
Zeit zum Gehen
ca. 1 Std. 30 Min.
Backzeit
ca. 55 Min.

42 g frische Hefe (ca. 1 Würfel)
630 ml lauwarmes Wasser
300 g Weizenvollkornmehl
300 g Weizenmehl Type 405
300 g mittelfeines Weizenschrot
100 g Weizenkleie
4 TL Salz
Mehl zum Bestäuben
1 EL Margarine für das Blech

So wird's gemacht
1. Die Hefe in eine Tasse bröckeln und darin mit 2 Eßlöffeln Wasser glattrühren. Die Mehle, das Schrot und die Kleie in einer Schüssel gut vermischen. In die Mitte eine Mulde drücken.
2. Die Hefe zusammen mit dem restlichen Wasser und dem Salz zum Mehl geben. Alles zu einem glatten Teig verrühren. Diesen so lange kneten und schlagen, bis er geschmeidig ist und sich vom Schüsselrand löst. Zugedeckt an einem warmen Ort etwa 1 Stunde gehen lassen.
3. Den Teig nochmals durchkneten und zu einem runden Laib formen. Diesen mit Mehl bestäuben und mit einem scharfen Messer oben rautenförmig einschneiden. Nochmals zugedeckt an einem warmen Ort etwa 30 Minuten gehen lassen.
4. Den Backofen auf 200 °C vorheizen. Ein Blech mit Margarine einstreichen. Das Brot auf das Blech setzen und etwa 20 Minuten backen. Dann die Hitze auf 180 °C reduzieren und das Brot nochmals 35 Minuten backen.

(auf dem Foto: oben rechts)

Roggenknoten

Für 1 Brot
Zubereitungszeit
ca. 45 Min.
Zeit zum Gehen
ca. 1 Std. 10 Min.
Backzeit
ca. 45 Min.

42 g frische Hefe (ca. 1 Würfel)
500 ml lauwarmes Wasser
2 EL zerlassene Butter
2 TL Salz
350 g Roggenvollkornmehl
600 g Weizenmehl Type 405
Mehl zum Kneten
Margarine für das Blech

So wird's gemacht
1. Die Hefe in eine große Schüssel bröckeln und darin mit dem Wasser glattrühren. Butter, Salz, Roggenvollkornmehl und 400 g Weizenmehl hinzufügen. Das Ganze zu einem glatten Teig verkneten. Diesen mit einem feuchten Tuch bedecken und an einem warmen Ort etwa 30 Minuten gehen lassen.
2. Den Teig gut durchkneten, zur Kugel formen und auf eine bemehlte Arbeitsfläche legen. Aus der Teigkugel eine etwa 80 cm lange Rolle formen und diese im restlichen Weizenmehl wälzen. Die Rolle zu einem Knoten schlingen.
3. Ein Blech mit Margarine einstreichen, den Teigknoten darauflegen und zugedeckt an einem warmen Ort etwa 40 Minuten gehen lassen. Den Backofen auf 220 °C vorheizen.
4. Den Teigknoten mit Wasser bestreichen und dann auf der unteren Einschubleiste des Ofens etwa 45 Minuten backen. Das Brot vor dem Anschneiden auf einem Gitterrost abkühlen lassen.

(auf dem Foto: unten)

Gerster Brot

Für 1 Brot
Zubereitungszeit
ca. 30 Min.
Zeit zum Gehen
ca. 17 Std.
Backzeit
ca. 1 Std. 10 Min.

50 g Sauerteig (Halbfertigprodukt)
400 ml lauwarme Buttermilch
750 g Roggenmehl Type 1370
250 g Weizenmehl Type 1050
2 TL Salz
1/2 TL gemahlener Kümmel
Mehl zum Kneten
Margarine für die Form

So wird's gemacht

1. Den Sauerteig in eine Schüssel geben und darin gründlich mit 200 ml Buttermilch sowie 100 g Roggenmehl vermischen. Den Ansatz mit einem Tuch bedecken und an einem warmen Ort etwa 4 Stunden gehen lassen.

2. Dann die restliche Buttermilch sowie 400 g Roggenmehl zum Ansatz geben und das Ganze gut verkneten. Die Schüssel in einen Plastikbeutel schieben, mit einem Küchentuch bedecken und den Teig an einem warmen Ort über Nacht gehen lassen.

3. Am nächsten Tag restliches Roggenmehl, Weizenmehl, Salz sowie Kümmel dazugeben und alles auf einer bemehlten Arbeitsfläche zu einem glatten, festen Teig verkneten. Eine Brotback- oder eine Kastenform mit Margarine ausstreichen. Den Teig in die Form füllen und

nochmals an einem warmen Ort 1 Stunde gehen lassen.

4. Den Backofen auf 250 °C vorheizen und eine feuerfeste, mit Wasser gefüllte Schale hineinstellen. Den Laib aus der Form nehmen, mit Hilfe von 2 Pfannenhebern kurz von allen Seiten über eine offene Flamme halten (Spirituskocher oder Gasofenflamme) und wieder in die Form legen. Dann im Ofen 10 Minuten backen. Anschließend die Hitze auf 225 °C reduzieren und das Brot in etwa 1 Stunde fertigbacken.

Tip

Das Gerster Brot verdankt seinen Namen einem speziellen Backverfahren. Das Brot wird kurz vor dem Backen über eine offene Flamme gehalten, „gegerstelt", und dann in den Ofen geschoben.

Heidebrot

Für 1 Brot
Zubereitungszeit
ca. 50 Min.
Zeit zum Gehen
mind. 14 Std.
Backzeit
ca. 1 Std.

250 g Weizenmehl Type 1050
500 g Roggenbackschrot Type 1800
2 gehäufte TL Backferment
(Halbfertigprodukt)
550 ml lauwarmes Wasser
2 TL flüssiger Honig
200 g Buchweizenmehl
2 TL Salz
2 EL Sonnenblumenöl
Mehl zum Kneten
warme Milch zum Bestreichen

So wird's gemacht

1. Aus Weizenmehl, 50 g Roggenbackschrot, Backferment, 300 ml Wasser
sowie Honig einen Vorteig herstellen und diesen zugedeckt über
Nacht an einem warmen Ort gehen
lassen.

2. Restliches Roggenbackschrot, restliches Wasser, Buchweizenmehl, Salz
sowie Öl zum Vorteig geben und
das Ganze zu einem glatten Teig
verkneten. Diesen zugedeckt an einem warmen Ort 1 Stunde gehen
lassen. Dann auf bemehlter Arbeitsfläche gut durchkneten, daraus eine
Rolle formen und diese zu einem
Laib flechten. Den Laib auf einem
mit Backpapier belegten Blech
nochmals 1 Stunde gehen lassen.

3. Backofen auf 250 °C vorheizen und
eine feuerfeste, mit heißem Wasser
gefüllte Schale hineinstellen. Das
Brot mit warmer Milch bestreichen
und dann etwa 10 Minuten backen.
Die Hitze auf 200 °C reduzieren
und das Brot nochmals 50 Minuten
backen.

Mischbrot mit Sesam

Für 1 Brot
Zubereitungszeit
ca. 1 Std.
Zeit zum Gehen
ca. 1 Std. 15 Min.
Backzeit
ca. 1 Std.

350 g Roggenbackschrot Type 1800
350 g Weizenbackschrot Type 1700
3 TL Salz
50 g geschälte Sonnenblumenkerne
100 g ungeschälte Sesamsaat
2 EL gemahlener Koriander
21 g frische Hefe (ca. 1/2 Würfel)
75 g Sauerteig (Halbfertigprodukt)
500 ml lauwarmes Wasser
Mehl für das Blech
lauwarmes Wasser zum Bestreichen

So wird's gemacht
1. Roggenbackschrot und Weizenbackschrot in eine große Schüssel geben. Salz, Sonnenblumenkerne, Sesamsaat sowie Koriander hinzufügen und das Ganze gut vermischen.
2. Die Hefe in ein Rührgefäß bröckeln und darin mit dem Sauerteig sowie mit 100 ml Wasser verrühren. Die Mischung in die Schüssel gießen. Das restliche Wasser nach und nach unter ständigem Rühren mit den Knethaken eines Handrührgeräts dazugeben.
3. Den Teig sehr gut durchkneten. Dann mit einem Küchentuch bedecken und an einem warmen Ort etwa 35 Minuten gehen lassen.
4. Ein Backblech mit Mehl bestäuben. Den Teig auf einer bemehlten Arbeitsfläche erneut kräftig durchkneten, zu einem runden Laib formen und diesen auf das Blech legen. Zugedeckt an einem warmen Ort 40 Minuten gehen lassen.
5. Den Backofen auf 220 °C vorheizen und eine feuerfeste, mit Wasser ge-füllte Schale hineinstellen. Den Brotlaib mit lauwarmem Wasser bestreichen und mit einem scharfen Messer rautenförmig etwa 1/2 cm tief einkerben.
6. Das Blech in den Ofen schieben und das Brot etwa 10 Minuten backen. Dann die Hitze auf 200 °C reduzieren und das Brot in etwa 50 Minuten fertigbacken. Vor dem Anschneiden auf einem Gitterrost gut abkühlen lassen.

(auf dem Foto: links)

Tip ▬▬▬▬▬

Beachten Sie, daß das Messer zum Einkerben oder -schneiden des Brotes sehr scharf sein sollte. Vor der Benutzung sollten Sie es in kaltes Wasser tauchen, damit Ihnen die Muster leichter von der Hand gehen. Je früher die dekorativen Schnitte erfolgen, desto mehr dehnen sich die Schnittstellen beim Backen aus. Je nachdem, wie intensiv Sie das Muster haben wollen, können Sie das Brot also direkt nach dem Formen des Laibes einschneiden oder aber erst kurz vor dem Backen.

Variation ▬▬▬▬▬

Bestreuen Sie das Brot vor dem Backen mit Sonnenblumenkernen und Sesamsaat in zwei parallel verlaufenden Spiralen. Auf diese Weise entsteht ein schneckenhausartiges Muster, und das fertige Brot sieht sehr dekorativ aus.

Weizen-Hafer-Mischbrot

Für 2 Brote
Zubereitungszeit
ca. 1 Std.
Zeit zum Gehen
ca. 1 Std.
Backzeit
ca. 50 Min.

42 g frische Hefe (ca. 1 Würfel)
2 EL Zucker
500 ml lauwarme Milch
500 g Weizenmehl Type 405
250 g Weizenmehl Type 1050
250 g kernige Vollkornhaferflocken
1 EL Salz
1 Msp. gemahlener Koriander
1 Msp. Nelkenpulver
Butter für die Formen
Mehl für die Formen
Milch zum Bestreichen
4 EL Haferflocken zum Bestreuen

So wird's gemacht
1. Hefe zerbröckeln und mit Zucker sowie mit 5 Eßlöffeln Milch glattrühren. Zugedeckt 5 Minuten gehen lassen. Mehle in einer großen Schüssel vermischen. Den Hefeansatz und die restliche Milch dazugeben und das Ganze gut verkneten. Haferflocken, Salz, Koriander- und Nelkenpulver unterkneten. Zugedeckt 30 Minuten gehen lassen.
2. Nochmals durchkneten und zwei längliche Brote formen. Zwei Kastenformen mit Butter ausstreichen und mit Mehl ausstäuben. Laibe hineinlegen, 25 Minuten gehen lassen.
3. Den Backofen auf 240 °C vorheizen und eine feuerfeste, mit Wasser gefüllte Schale hineinstellen. Die Brotlaibe mit Milch bepinseln, mit Haferflocken bestreuen und 10 Minuten backen. Dann die Hitze auf 200 °C reduzieren und die Brote in etwa 40 Minuten fertigbacken.

(auf dem Foto: rechts)

Vollkorn- brote

Brote aus dem vollen Korn schmecken herzhaft und liefern dem Körper wertvolle Ballaststoffe. Backen mit vollwertigem Getreide bietet eine Möglichkeit, gesund und fit zu bleiben. Da das ganze Korn noch alle Vitamine und Mineralstoffe enthält, sind Vollkornprodukte das beste natürliche Vorbeugungsmittel zur Verhütung vieler Mangelerscheinungen. Ob Sie zum Backen Roggen, Hirse, Hafer oder Weizen nehmen – nahezu alle Getreidearten lassen sich zu Schrot oder Mehl verarbeiten – deshalb ist die Herstellung von Vollkornbroten auch abwechslungsreicher und interessanter als das Brotbacken mit herkömmlichen Auszugsmehlen. Mit welchen schmackhaften Körnern Sie Ihr Brot vor dem Backen bestreuen, bleibt Ihren Vorlieben und Ihrer Phantasie überlassen.

Weizenvollkornbrot

Für 1 Brot
Zubereitungszeit
ca. 40 Min.
Zeit zum Quellen
ca. 14 Std.
Zeit zum Gehen
ca. 1 Std. 45 Min.
Backzeit
ca. 1 Std.

100 g Weizenkörner
450 g Weizenmehl Type 1050
450 g Weizenvollkornmehl Type 1700
4 TL Salz, 4 EL Sonnenblumenöl
63 g frische Hefe (ca. 1 1/2 Würfel)
450 ml lauwarmes Wasser
je 1/2 TL gemahlener Koriander,
Anis und Kümmel
1 TL Fenchelsamen
Mehl zum Kneten
1–2 EL Weizenkörner zum Bestreuen
Margarine für das Blech

So wird's gemacht

1. Die Weizenkörner in einer Schüssel mit kochendem Wasser überbrühen und über Nacht im Wasser quellen lassen. Dann abgießen, auf einem Sieb kalt abspülen, nochmals mit kochendem Wasser überbrühen und darin 2 Stunden quellen lassen. Dann abtropfen lassen.

2. Die Mehle in einer großen Schüssel mit dem Salz vermischen. Das Öl und die Weizenkörner hinzufügen. Die Hefe in etwas Wasser auflösen und zusammen mit dem restlichen Wasser in die Schüssel geben. Das Ganze mit einem Rührlöffel gut zu einem glatten Teig vermengen.

3. Den Teig auf bemehlter Arbeitsfläche 10 bis 15 Minuten kräftig kneten, bis er glatt und geschmeidig ist. Dann zur Kugel formen, mit Mehl bestreuen, in eine Schüssel geben, zudecken und an einem warmen Ort 1 Stunde gehen lassen.

4. Dann die Gewürze gründlich unterkneten. Ein Backblech mit Margarine einstreichen. Den Teig erneut zur Kugel formen, auf das Blech legen und mit einem Tortenring umschließen. Mit einem Küchentuch bedecken und an einem warmen Ort 45 Minuten gehen lassen.

5. Den Backofen auf 250 ℃ vorheizen und eine feuerfeste, mit Wasser gefüllte Schale hineinstellen. Den Tortenring entfernen, den Laib mit warmem Wasser bestreichen und mit Weizenkörnern bestreuen. Das Brot im Ofen etwa 5 Minuten backen. Dann die Hitze auf 200 ℃ reduzieren und das Brot in etwa 55 Minuten fertigbacken. Vor dem Anschneiden auf einem Gitterrost abkühlen lassen.

Korianderbrot

Für 1 Brot
Zubereitungszeit
ca. 1 Std.
Zeit zum Gehen
mind. 14 Std.
Backzeit
ca. 1 Std. 5 Min.

300 g Roggenmehl Type 1150
300 ml lauwarmes Wasser
2 gehäufte TL Backferment
(Halbfertigprodukt)
450 g Roggenbackschrot Type 1800
250 g Weizenbackschrot Type 1700
100 g geschälte Hirse
50 g Sojaschrot
4 EL Koriandersamenkörner
4 TL Salz
2 TL flüssiger Honig
2 EL Sonnenblumenöl
abgeriebene Schale von
¹/₂ unbehandelten Zitrone

425 ml warmes Wasser
Mehl zum Kneten
Margarine für das Blech

So wird's gemacht

1. Aus Roggenmehl, Wasser sowie Backferment einen Vorteig anrühren und diesen über Nacht gären lassen. Den Vorteig in eine große Schüssel geben. Roggen- und Weizenbackschrot, Hirse, Sojaschrot, 2 Eßlöffel Koriandersamenkörner, das in etwas Wasser gelöste Salz, Honig, Öl, Zitronenschalenabrieb und warmes Wasser hinzufügen.

2. Die Zutaten verkneten, so daß ein geschmeidiger Teig entsteht. Den Teig zur Kugel formen und auf den bemehlten Boden einer Schüssel legen. Die Schüssel in einen Plastikbeutel schieben und mit einem Küchentuch bedecken. Den Teig an einem warmen Ort 1 Stunde gehen lassen.

3. Auf einer bemehlten Arbeitsfläche kräftig kneten, bis der Teig nicht mehr klebt und geschmeidig ist. Einen runden Laib formen und diesen auf ein gefettetes Blech legen. Zugedeckt an einem warmen Ort nochmals 1 Stunde gehen lassen.

4. Mit einem scharfen Messer ein Kreuz in die Oberfläche einschneiden. Den Laib mit warmem Wasser bestreichen und mit dem restlichen Koriander bestreuen.

5. Den Backofen auf 250 °C vorheizen und eine feuerfeste, mit heißem Wasser gefüllte Schale hineinstellen. Das Korianderbrot etwa 10 Minuten backen. Dann die Hitze auf 200 °C reduzieren und das Brot in etwa 55 Minuten fertigbacken. Vor dem Anschneiden auf einem Gitterrost abkühlen lassen.

Kefir-Dinkel-Brot mit Sonnenblumen-kernen

Für 1 Brot
Zubereitungszeit
ca. 35 Min.
Zeit zum Gehen
ca. 1 Std. 30 Min.
Backzeit
ca. 50 Min.

500 g Dinkelvollkornmehl
21 g frische Hefe (ca. 1/2 Würfel)
300 ml lauwarmer Kefir
(z. B. von Müller, 1,5 % Fett)
3 EL Butter, 1 EL Salz
50 g geschälte Sonnenblumenkerne
Mehl zum Kneten

So wird's gemacht

1. Das Dinkelvollkornmehl in eine große Schüssel geben und in die Mitte eine Mulde hineindrücken. Die Hefe in die Mulde bröckeln, den Kefir dazugießen und mit der Hefe verrühren.
2. Die Butter schmelzen, kurz abkühlen lassen und zusammen mit dem Salz zum Dinkelmehl geben. Die Zutaten verkneten, so daß ein geschmeidiger Teig entsteht. Dann die Sonnenblumenkerne gründlich unterkneten.
3. Den Teig zur Kugel formen und auf den bemehlten Boden einer Schüssel legen. Die Schüssel in einen Plastikbeutel schieben und mit einem Küchentuch bedecken. Den Teig an einem warmen Ort 30 Minuten gehen lassen.
4. Auf einer bemehlten Arbeitsfläche kräftig kneten bis der Teig nicht mehr klebt und geschmeidig ist. Nochmals zugedeckt an einem warmen Ort etwa 15 Minuten gehen lassen.
5. Einen länglichen Laib formen und diesen zugedeckt an einem warmen Ort 15 Minuten gehen lassen. Dann den Laib mit einem scharfen Messer an der Oberfläche mehrmals quer etwa 1 cm tief einschneiden. Zugedeckt an einem warmen Ort nochmals 30 Minuten gehen lassen.
6. Den Backofen auf 220 °C vorheizen und eine feuerfeste, mit heißem Wasser gefüllte Schale hineinstellen. Ein Backblech im Ofen heiß werden lassen. Das Brot auf das Blech legen und im Ofen 15 bis 20 Minuten backen.
7. Dann die Hitze auf 190 °C reduzieren und das Brot in etwa 30 Minuten fertigbacken. Vor dem Anschneiden auf einem Gitterrost gut abkühlen lassen.

(auf dem Foto: links)

Dinkel-Buchweizen-Brot

Zubereitungszeit
ca. 45 Min.
Zeit zum Gehen
ca. 1 Std. 30 Min.
Backzeit
ca. 50 Min.

125 g Buchweizenschrot
125 g Weizenvollkornmehl
200 g Dinkelvollkornmehl
30 g frische Hefe (ca. 3/4 Würfel)
300 ml lauwarmer Kefir
(z. B. von Müller, 1,5 % Fett)
3 EL Butter
1 EL Salz
1/2 TL gemahlene Fenchelsamen
50 g geschälte Sonnenblumenkerne
Mehl zum Kneten

So wird's gemacht

1. Das Buchweizenschrot in einer Pfanne ohne Fettzugabe bei mittlerer Hitze kurz anrösten. Dann zusammen mit Weizen- und Dinkelvollkornmehl in eine große Schüssel geben, damit vermischen und in die Mitte eine Mulde hineindrücken.
2. Die Hefe in die Mulde bröckeln, den Kefir dazugießen und mit der Hefe verrühren. Die Butter schmelzen, kurz abkühlen lassen und zusammen mit dem Salz zum Mehlgemisch geben. Die Zutaten verkneten, so daß ein geschmeidiger Teig entsteht. Dann den gemahlenen Fenchel und die Sonnenblumenkerne unterkneten.
3. Den Teig zur Kugel formen und auf den bemehlten Boden einer Schüssel legen. Die Schüssel in einen Plastikbeutel schieben und mit einem Küchentuch bedecken. Den Teig an einem warmen Ort 30 Minuten gehen lassen.
4. Auf einer bemehlten Arbeitsfläche kräftig kneten bis der Teig nicht mehr klebt und geschmeidig ist. Nochmals zugedeckt an einem warmen Ort etwa 15 Minuten gehen lassen.
5. Einen länglichen Laib formen und diesen zugedeckt an einem warmen Ort 15 Minuten gehen lassen. Dann den Laib mit einem scharfen Messer an der Oberfläche mehrmals quer etwa 1 cm tief einschneiden. Zugedeckt an einem warmen Ort nochmals 30 Minuten gehen lassen.
6. Den Backofen auf 220 °C vorheizen und eine feuerfeste, mit heißem Wasser gefüllte Schale hineinstellen. Ein Backblech im Ofen heiß werden lassen. Das Brot auf das Blech legen und im Ofen 15 bis 20 Minuten backen.
7. Dann die Hitze auf 190 °C reduzieren und das Brot in etwa 30 Minuten fertigbacken. Vor dem Anschneiden auf einem Gitterrost gut abkühlen lassen.

(auf dem Foto: rechts)

Kastenvollkornbrot

Für 2 Brote
Zubereitungszeit
ca. 45 Min.
Zeit zum Gehen
ca. 1 Std.
Backzeit
ca. 1 Std. 20 Min.

250 g Roggenvollkornmehl
250 g Dinkelvollkormehl
500 g Weizenvollkornmehl
63 g frische Hefe (ca. 11/2 Würfel)
750 ml lauwarmes Wasser
1 große Zwiebel
2–3 TL Meersalz
1/2 Bd. gehackter Dill
oder Kerbel
1/2 Bd. gehackte Petersilie
2 EL Kümmel
2 EL Leinsamen
Weizenvollkornmehl zum Kneten
Butter für die Formen

So wird's gemacht

1. Die drei Mehlsorten in eine große Schüssel geben, darin vermischen und in die Mitte eine Mulde drücken. Die Hefe in eine Rührschüssel bröckeln, darin im Wasser auflösen und die Mischung in die Mulde gießen.

2. Die Zutaten zu einem glatten Teig verkneten, diesen zudecken und an einen warmen Ort stellen. Die Zwiebel schälen, fein würfeln und zusammen mit Salz, Kräutern, Kümmel sowie Leinsamen unter den Teig kneten.

3. Den Teig zur Kugel formen und auf den bemehlten Boden einer Schüssel legen. Die Schüssel in einen Plastikbeutel schieben und mit einem Küchentuch bedecken. Den Teig an einem warmen Ort 30 Minuten gehen lassen.

4. Zwei Kastenformen ausfetten und mit Mehl ausstreuen. Den Teig nochmals kräftig durchkneten, dann halbieren und jeden Teil zu einem länglichen Laib formen. Die Laibe jeweils in die Formen legen, mit einem Tuch bedecken und an einem warmen Ort nochmals 30 Minuten gehen lassen.

5. Den Backofen auf 220 °C vorheizen und eine feuerfeste, mit heißem Wasser gefüllte Schale hineinstellen. Die Laibe mit Wasser bestreichen und im Ofen 15 bis 20 Minuten backen. Dann die Hitze auf 180 °C reduzieren und die Brote in etwa 1 Stunde fertigbacken. Vor dem Anschneiden auf einem Gitterrost abkühlen lassen.

Haferknäcker

Für 15–20 Scheiben
Zubereitungszeit
ca. 30 Min.
Backzeit
ca. 20 Min.

100 g Weizenvollkornmehl
200 g zarte Haferflocken
(z. B. Blütenzarte Köllnflocken)
1 TL Salz
2 TL Backpulver
3 EL Sonnenblumenöl
100 ml heißes Wasser
Butter und Mehl für das Blech

So wird's gemacht

1. Mehl, Haferflocken, Salz und Back-pulver in einer Schüssel gut ver-mengen. Das Öl und das Wasser hinzufügen und das Ganze zu einem glatten, formbaren Teig verkneten. Wenn der Teig zu klebrig ist, noch etwas Mehl hinzufügen, ist er zu trocken, etwas Wasser dazugeben.
2. Den Backofen auf 220 °C vorheizen. Den Teig auf einer bemehlten Ar-beitsfläche zwischen zwei Bögen Pergamentpapier messerrückendick ausrollen. Rechtecke von etwa 5 mal 12 cm ausradeln oder -schnei-den. Ein Blech einfetten, mit Mehl bestäuben und die Teigrechtecke darauflegen.
3. Die Knäckebrote auf der mittleren Einschubleiste in den Ofen geben und 15 bis 20 Minuten backen. Da-nach gut abkühlen lassen und bis zum Verzehr in einer gut schließba-ren Dose oder in Alufolie aufbe-wahren.

Körnermischbrot

Für 1 Brot
Zubereitungszeit
ca. 45 Min.
Zeit zum Gehen
ca. 1 Std. 45 Min.
Backzeit
ca. 50 Min.

42 g frische Hefe (1 Würfel)
250 ml lauwarmes Wasser
1/2 TL brauner Zucker
4 EL Butter
2 EL Rübensirup
2 EL milder Obstessig
200 g fein gemahlenes Weizenschrot
50 g Weizenkleie
1 TL gemahlener Koriander
1 EL Meersalz
200 g grob gemahlenes Roggenschrot

So wird's gemacht
1. Die Hefe in eine hohe Rührschüssel bröckeln. Das Wasser sowie den Zucker hinzufügen, das Ganze gut verrühren und zugedeckt an einem warmen Ort 10 Minuten ruhen lassen. Butter, Sirup und Obstessig in einen Topf geben und erwärmen.
2. Weizenschrot und Weizenkleie in eine Schüssel geben, darin vermischen, in die Mitte eine Mulde drücken und Hefeansatz sowie Buttermischung, Koriander und Salz hineingeben. Alles gut verkneten, dann die Hälfte des Roggenschrots unterkneten. Den Teig zugedeckt an einem warmen Ort etwa 1 Stunde gehen lassen.
3. Den Teig nochmals durchkneten, dann das restliche Roggenschrot unterkneten. Einen runden Laib formen, diesen mit einem scharfen Messer über Kreuz etwa 1/2 cm tief einschneiden. Den Laib mit Wasser bepinseln und mit Mehl bestäuben. Ein Blech mit Wasser benetzen, den Laib darauflegen und nochmals an einem warmen Ort 30 Minuten gehen lassen.
4. Den Ofen auf 180 °C vorheizen und eine feuerfeste, mit Wasser gefüllte Schale hineinstellen. Das Brot im Ofen etwa 50 Minuten backen.
(auf dem Foto: oben)

Tip ▬▬▬▬▬▬

Zu diesem deftig schmeckenden Vollkornmischbrot passen Frischkäsesorten besonders gut. Mit Sahnegorgonzola bestrichen wird das Brot zu einer regelrechten Delikatesse.

Kräuterbrot

Für 1 Brot
Zubereitungszeit
ca. 1 Std.
Zeit zum Einweichen
ca. 12 Std.
Zeit zum Gehen
ca. 1 Std. 45 Min.
Backzeit
ca. 1 Std. 15 Min.

Für den Vorteig:
300 g Sechskorn-Getreidemischung
(in Reformhäusern und Bioläden erhältlich)
250 ml lauwarmes Wasser
200 g Roggenmehl Type 1370
1 TL Zucker
125 ml heißes Wasser
42 g frische Hefe (1 Würfel)
Für den Hauptteig:
je 1 Bd. Petersilie, Schnittlauch und Dill
1 Zweig Thymian
150 g Sauerteig (Halbfertigprodukt)
1 EL Salz, Mehl zum Bestäuben
Margarine für die Form

So wird's gemacht
1. Von der Sechskorn-Getreidemischung 100 g abnehmen, in eine Schüssel geben und darin in lauwarmem Wasser über Nacht einweichen und quellen lassen.
2. Die restliche Getreidemischung mittelfein mahlen (oder vorher in einem Bioladen mahlen lassen) und in einer Schüssel mit dem Roggenmehl vermischen. In die Mitte des Mehlgemischs eine Mulde drücken und den Zucker hineingeben.
3. Das gequollene Getreide abgießen und gut abtropfen lassen, dabei das Einweichwasser auffangen. Das Einweichwasser mit heißem Wasser auf 375 ml auffüllen. Von diesem Wasser einige Eßlöffel abnehmen und die Hefe darin auflösen.
4. Die Hefemischung in die Mulde geben und mit etwas Mehl leicht verrühren. Den Vorteig an einem warmen Ort etwa 10 Minuten gehen lassen.
5. Die Kräuter waschen, trockenschleudern und fein hacken. Sauerteig, restliches Wasser, Getreidekörner, Salz und Kräuter zum Vorteig geben. Alles mit den Knethaken eines elektrischen Handrührgeräts gut verkneten.
6. Den Teig nochmals kräftig mit den Händen kneten und schlagen, bis er sich vom Schüsselrand löst. Den Teig herausnehmen, die Schüssel mit Mehl ausstäuben, den Teig wieder hineinlegen und zugedeckt an einem warmen Ort etwa 1 Stunde gehen lassen.
7. Den Teig nochmals gut durchkneten. Eine Kastenform mit Margarine ausstreichen, den Teig hineingeben und glattstreichen. Ihn zugedeckt an einem warmen Ort nochmals etwa 30 Minuten gehen lassen.
8. Inzwischen den Backofen auf 200 °C vorheizen und eine feuerfeste, mit Wasser gefüllte Schale hineinstellen. Die Teigoberfläche mit etwas Wasser bestreichen und mit Mehl bestäuben. Die Form in den Ofen geben und das Brot etwa 1 Stunde und 15 Minuten backen. Vor dem Anschneiden auf einem Gitterrost gut abkühlen lassen.
(auf dem Foto: unten)

Fünfkorn-krustenbrot

Für 1 Brot
Zubereitungszeit
ca. 1 Std.
Zeit zum Gehen
ca. 45 Min.
Backzeit
ca. 1 Std. 10 Min.

50 g Sojaschrot
50 g entspelzte Haferkörner
50 g geschälte Sonnenblumenkerne
375 ml warmes Wasser
50 g gemahlene Haselnüsse
500 g Weizenvollkornmehl
100 Roggenmehl Type 997
42 g frische Hefe (1 Würfel)
1 EL flüssiger Honig
(am besten Lindenblütenhonig)
1 EL Meersalz
Margarine und Mehl für das Blech

So wird's gemacht

1. Sojaschrot, Haferkörner sowie Sonnenblumenkerne ohne Fettzugabe in eine große Pfanne geben und darin unter ständigem Rühren anrösten. Das Wasser dazugießen, kurz aufkochen lassen, die Pfanne vom Herd nehmen und die Haselnüsse unter die Masse rühren. Das Ganze abkühlen lassen.

2. Die Mehlsorten in eine Schüssel geben und darin vermischen. In die Mitte eine Mulde drücken, die Hefe hineinbröckeln und den Honig zur Hefe geben. Die angeröstete Körnermischung in die Mulde geben und Hefe, Honig sowie Körner zusammen mit etwas Mehl vom Rand zu einem Vorteig verrühren. Diesen zugedeckt an einem warmen Ort 15 Minuten gehen lassen.

3. Alles zunächst kräftig verrühren. Dann das Salz dazugeben und das Ganze zu einem glatten Teig verkneten. Diesen zugedeckt an einem warmen Ort 15 Minuten gehen lassen. Ein Backblech mit Margarine einstreichen und mit etwas Mehl bestäuben.

4. Den Teig erneut kräftig durchkneten, auf das Blech legen und zu einem runden Laib formen. Zugedeckt an einem warmen Ort nochmals 15 Minuten gehen lassen, bis der Teig sein Volumen um etwa ein Drittel vergrößert hat.

5. Inzwischen den Backofen auf 200 °C vorheizen und eine feuerfeste, mit Wasser gefüllte Schale hineinstellen. Das Brot im Ofen etwa 50 Minuten backen. Dann herausnehmen, rundum mit Wasser bestreichen und nochmals 20 Minuten backen. Anschließend auf einen Gitterrost legen, nochmals mit Wasser bepinseln und abkühlen lassen.

Sechskornbrot

Für 1 Brot
Zubereitungszeit
ca. 50 Min.
Zeit zum Gehen
ca. 40 Std.
Backzeit
ca. 1 Std. 15 Min.

675 g Roggenvollkornmehl
15 g Sauerteigextrakt
(1 P. Halbfertigprodukt)
850 ml lauwarmes Wasser
je 80 g geschroteter Dinkel, Weizen,
Roggen, Hafer, geschrotete Hirse und
Gerste
175 g Weizenvollkornmehl
1 EL gemahlener Kümmel
1 EL Meersalz
Margarine für das Blech
Vollkornhaferflocken zum Bestreuen

So wird's gemacht
1. 250 g Roggenvollkornmehl mit dem Sauerteigextrakt und 500 ml Wasser verrühren. Den Ansatz zugedeckt an einem warmen Ort 24 Stunden gehen lassen.
2. Die geschroteten Getreidesorten vermischen und zusammen mit dem restlichen lauwarmen Wasser unter den Ansatz rühren. Diesen Teig zugedeckt an einem warmen Ort nochmals 12 Stunden gehen lassen.
3. Restliches Roggenvollkornmehl und Weizenvollkornmehl mit Kümmel sowie Salz vermengen, zum Sauerteig geben und alles gut verkneten. Ein Backblech mit Margarine einstreichen. Aus dem Teig einen runden, etwas abgeflachten Laib formen und diesen auf das Blech setzen. Zugedeckt an einem warmen Ort etwa 4 Stunden gehen lassen.
4. Den Backofen auf 200 °C vorheizen. Den Laib mit Wasser bepinseln und mit einem scharfen Messer rautenförmig etwa 1/2 cm tief einschneiden. Mit Haferflocken bestreuen und diese andrücken.
5. Das Brot im Ofen etwa 1 Stunde backen. Dann den Ofen ausschalten und das Brot darin noch etwa 15 Minuten ruhen lassen. Dann mit Wasser besprühen und vor dem Anschneiden etwa 24 Stunden ruhen lassen.

Tip

Zu diesem herzhaften Sechskornbrot paßt eine selbstgemachte Kräuterbutter besonders gut. Einfach 50 g frische, feingehackte Kräuter nach Geschmack mit 125 g weicher Butter verrühren. Mit Zitronensaft, Salz und Pfeffer aus der Mühle würzen.

Vollkornmischbrot

Für 1 Brot
Zubereitungszeit
ca. 30 Min.
Zeit zum Gehen
ca. 1 Std. 15 Min.
Backzeit
ca. 1 Std. 15 Min.

225 g Weizenvollkornmehl
225 g Roggenvollkornmehl
21 g frische Hefe (ca. 1/2 Würfel)
350 ml lauwarmer Kefir
(z.B. von Müller, 1,5 % Fett)
1 EL Meersalz
2 EL weiche Butter

So wird's gemacht
1. Die Mehle in eine Schüssel geben und darin vermischen. In die Mitte eine Mulde drücken und die Hefe hineinbröckeln. Den Kefir zur Hefe gießen und die beiden Zutaten mit etwas Mehl vom Rand zu einem Vorteig rühren. Diesen zugedeckt an einem warmen Ort etwa 15 Minuten gehen lassen.
2. Dann das Salz und die Butter hinzufügen und alles kräftig zu einem glatten, geschmeidigen Teig kneten. Aus dem Teig einen runden Laib formen und diesen zugedeckt an einem warmen Ort etwa 1 Stunde gehen lassen.
3. Den Backofen auf 250 °C vorheizen und eine feuerfeste, mit Wasser gefüllte Schale hineinstellen. Ein Backblech im Ofen heiß werden lassen. Den Laib auf das Blech setzen und im Ofen etwa 15 Minuten backen. Dann die Hitze auf 220 °C reduzieren, das Brot nochmals 15 Minuten backen und es zuletzt bei 200 °C in etwa 45 Minuten fertigbacken.

(auf dem Foto: oben)

Walnußbrot

Für 1 Brot
Zubereitungszeit
ca. 30 Min.
Zeit zum Gehen
ca. 1 Std. 15 Min.
Backzeit
ca. 45 Min.

225 g Weizenvollkornmehl
225 g Roggenvollkornmehl
21 g frische Hefe (ca. 1/2 Würfel)
350 ml lauwarmer Kefir
(z.B. von Müller, 1,5 % Fett)
1 EL Meersalz
2 EL weiche Butter
75 g Walnußhälften
Butter für die Form

So wird's gemacht
1. Die Mehle in eine Schüssel geben und darin vermischen. In die Mitte eine Mulde drücken und die Hefe hineinbröckeln. Den Kefir zur Hefe gießen und die beiden Zutaten mit etwas Mehl vom Rand zu einem Vorteig rühren. Diesen zugedeckt an einem warmen Ort etwa 15 Minuten gehen lassen.
2. Dann das Salz und die Butter hinzufügen und alles kräftig zu einem glatten, geschmeidigen Teig kneten. Die Walnußhälften unterkneten. Eine Kastenform ausfetten, den Teig hineinfüllen und zugedeckt an einem warmen Ort etwa 1 Stunde gehen lassen.
3. Den Backofen auf 225 °C vorheizen und eine feuerfeste, mit Wasser gefüllte Schale hineinstellen. Die Teigoberfläche über Kreuz einschneiden und das Brot im Ofen etwa 20 Minuten backen. Dann die Hitze auf 200 °C reduzieren und das Brot in etwa 25 Minuten fertigbacken.

(auf dem Foto: links)

Gewürzbrot

Für 1 Brot
Zubereitungszeit
ca. 30 Min.
Zeit zum Gehen
ca. 1 Std. 15 Min.
Backzeit
ca. 1 Std.

225 g Weizenvollkornmehl
225 g Roggenvollkornmehl
21 g frische Hefe (ca. 1/2 Würfel)
350 ml lauwarmer Kefir
(z.B. von Müller, 1,5 % Fett)
1 EL Meersalz
2 EL weiche Butter
1 TL gemahlener Koriander
1 TL Anissamen

So wird's gemacht
1. Die Mehle in eine Schüssel geben und darin vermischen. In die Mitte eine Mulde drücken und die Hefe hineinbröckeln. Den Kefir zur Hefe gießen und die beiden Zutaten mit etwas Mehl vom Rand zu einem Vorteig rühren. Diesen zugedeckt an einem warmen Ort etwa 15 Minuten gehen lassen.
2. Dann das Salz, die Butter sowie die Gewürze hinzufügen und alles kräftig zu einem glatten, geschmeidigen Teig kneten. Aus dem Teig einen runden Laib formen, diesen mehrmals diagonal einkerben und 1 Stunde gehen lassen.
3. Den Backofen auf 250 °C vorheizen und eine feuerfeste, mit Wasser gefüllte Schale hineinstellen. Ein Backblech im Ofen heiß werden lassen. Den Laib auf das Blech setzen und im Ofen etwa 15 Minuten backen. Dann die Hitze auf 220 °C reduzieren, das Brot nochmals 30 Minuten backen und es zuletzt bei 200 °C in etwa 15 Minuten fertigbacken.

(auf dem Foto: rechts)

Roggen-
vollkornbrot

Für 1 Brot
Zubereitungszeit
ca. 1 Std.
Zeit zum Gehen
ca. 14 Std.
Backzeit
ca. 1 Std. 30 Min.

750 g grob gemahlenes Roggenschrot
750 g Roggenvollkornmehl
300 g Sauerteig (Halbfertigprodukt)
1100 ml lauwarmes Wasser
1 EL Meersalz
1 TL gemahlener Koriander
Margarine für das Blech

So wird's gemacht

1. Roggenschrot und -vollkornmehl in einer Schüssel gut vermischen. In die Mitte eine Mulde drücken. Den Sauerteig zusammen mit 350 ml Wasser hineingeben und die beiden Zutaten mit etwa einem Drittel des Mehls zu einem Vorteig rühren. Diesen zugedeckt an einem warmen Ort etwa 4 Stunden gehen lassen.

2. 350 ml lauwarmes Wasser dazugeben, einarbeiten und den Teig zugedeckt nochmals 4 Stunden gehen lassen.

3. Dann erneut gut durchkneten, restliches lauwarmes Wasser, Salz sowie Koriander hinzufügen, alles verkneten und erneut zugedeckt 4 Stunden gehen lassen.

4. Den Teig nochmals kräftig durchkneten und einen runden Laib daraus formen. Ein Blech mit Margarine einstreichen, den Laib daraufsetzen und 2 Stunden gehen lassen.

5. Den Backofen auf 220 °C vorheizen und eine feuerfeste, mit Wasser gefüllte Schale hineinstellen. Das Brot mit einem scharfen Messer rautenförmig einschneiden, mit Wasser bepinseln und dann im Ofen etwa 1¹/₂ Stunden backen. Dabei nach der Hälfte der Backzeit nochmals mit Wasser bestreichen. Vor dem Anschneiden auf einem Gitterrost gut abkühlen lassen.

Tip

Anstelle des Korianders können Sie auch gemahlene Fenchelsamen unter den Teig kneten.

Schinken-vollkornbrot

Für 1 Brot
Zubereitungszeit
ca. 45 Min.
Zeit zum Quellen
ca. 12 Std.
Zeit zum Gehen
ca. 14 Std.
Backzeit
ca. 1 Std.

200 g Roggenkörner
400 g Roggenvollkornschrot
Type 1800
2 gehäufte TL Backferment
(Halbfertigprodukt)
300 ml lauwarmes Wasser
400 g Roggenmehl Type 1150
250 ml warmes Wasser
4 TL Salz
2 EL Rübensirup

3 EL Pflanzenöl
Mehl zum Kneten
Butter für die Form
Roggenkörner zum Bestreuen

So wird's gemacht

1. Die Getreidekörner mit kochendem Wasser überbrühen und über Nacht darin quellen lassen. 300 g Roggenschrot in eine Schüssel geben. Das Ferment in etwas lauwarmem Wasser auflösen und zusammen mit dem restlichen Wasser dazugeben. Die Zutaten zu einem Vorteig verrühren und diesen 12 Stunden ruhen lassen.

2. Die Getreidekörner gut abtropfen lassen und zusammen mit restlichem Roggenschrot sowie den übrigen Zutaten zum Vorteig geben. Alles kräftig verkneten, so daß ein geschmeidiger Teig entsteht. Diesen zugedeckt an einem warmen Ort etwa 1 Stunde gehen lassen.

3. Dann auf einer bemehlten Arbeitsfläche tüchtig durchkneten. Eine Kastenform mit Butter ausstreichen. Den Teig zu einem länglichen Laib formen, in die Form geben und zugedeckt nochmals 1 Stunde gehen lassen.

4. Den Brotlaib mit Wasser bepinseln und mit Roggenkörnern bestreuen. Den Backofen auf 250 °C vorheizen und eine feuerfeste, mit heißem Wasser gefüllte Schale hineinstellen. Das Brot im Ofen etwa 10 Minuten backen. Dann die Hitze auf 200 °C reduzieren und das Brot in etwa 50 Minuten fertigbacken.

5. Das Brot vorsichtig mit warmem Wasser bestreichen und 5 Minuten in der Form setzen lassen. Auf einen Gitterrost stürzen und vor dem Anschneiden gut abkühlen lassen.

Kräftiges Dreikornbrot

Für 1 Brot
Zubereitungszeit
ca. 45 Min.
Zeit zum Gehen
ca. 2 Std.
Backzeit
ca. 50 Min.

500 g Weizenvollkornmehl
42 g frische Hefe (1 Würfel)
250 ml lauwarmes Wasser
2 EL Olivenöl
1 EL Meersalz
je 1 EL grob gemahlener Koriander
und Fenchelsamen
je 2 EL Sesamsaat, Leinsamen
und Weizenschrot
Margarine für das Blech
etwas Salzwasser
2 EL gemischte Sesamsaat, Leinsamen
und Weizenschrot zum Bestreuen

So wird's gemacht
1. Das Mehl in eine Schüssel geben und in die Mitte eine Mulde drücken. Die Hefe in etwa 100 ml lauwarmem Wasser auflösen, die Mischung in die Mulde gießen und mit etwas Mehl vom Rand zu einem Vorteig rühren. Diesen zugedeckt an einem warmen Ort 15 Minuten gehen lassen.
2. Restliches lauwarmes Wasser, Olivenöl, Salz, Koriander sowie Fenchelsamen zum Vorteig geben und das Ganze gut verkneten. Sesamsaat, Leinsamen und Weizenschrot in einer kleinen Schüssel gut vermengen. Die Körnermischung unter den Teig kneten. Den Teig zugedeckt an einem warmen Ort 1¼ Stunden gehen lassen.
3. Den Teig nochmals kräftig durchkneten und zur Kugel formen. Ein Backblech mit Margarine einstreichen. Aus der Teigkugel einen runden Laib formen, diesen auf das Blech setzen und zugedeckt 30 Minuten gehen lassen.
4. Inzwischen den Backofen auf 200 °C vorheizen. Den Laib mit leicht gesalzenem Wasser bestreichen und mit den Körnern bestreuen. Auf der zweiten Einschubleiste im Ofen etwa 50 Minuten backen. Das Brot vor dem Anschneiden auf einem Gitterrost gut abkühlen lassen.

(auf dem Foto: links)

Tip ▬▬▬▬▬▬

Zu herzhaft schmeckenden Broten paßt eine Avocadocreme besonders gut. Hierfür das Fruchtfleisch von zwei reifen Avocados in einer Schüssel mit einer Gabel zerdrücken. Eine kleine Zwiebel und eine kleine Knoblauchzehe jeweils schälen, die Zwiebel fein hacken, die Knoblauchzehe durch eine Presse drücken. Beides unter das Avocadopüree mischen. Die Creme mit Salz, schwarzem Pfeffer aus der Mühle und Zitronensaft abschmecken.

Weizen-Roggen-Mischbrot

Für 3 Brote
Zubereitungszeit
ca. 1 Std.
Zeit zum Gehen
ca. 2 Std. 30 Min.
Backzeit
ca. 1 Std.

1 kg Weizenvollkornmehl
300 g Roggenvollkornmehl
250 g Roggenbackschrot Type 1800
42 g frische Hefe (1 Würfel)
750 ml lauwarmes Wasser
4 EL Meersalz
6 EL Leinsamen
2 EL Sonnenblumenkerne
Mehl zum Kneten
Margarine und Mehl für die Formen
2 EL Sesamsaat zum Bestreuen

So wird's gemacht
1. Die beiden Mehlsorten und das Schrot in einer großer Schüssel vermischen. In die Mitte eine Mulde drücken. Die Hefe in etwa 400 ml lauwarmem Wasser auflösen, die Mischung in die Mulde gießen und mit etwas Mehl vom Rand zu einem Vorteig rühren. Diesen zugedeckt an einem warmen Ort 15 Minuten gehen lassen.
2. Restliches Wasser, Salz, Leinsamen sowie Sonnenblumenkerne zum Vorteig geben und alles gut vermengen. Den Teig auf einer bemehlten Arbeitsfläche mindestens 15 Minuten mit den Händen kräftig durchkneten. Den Teig zur Kugel formen, mit Mehl bestäuben und zugedeckt an einem warmen Ort 1½ Stunden gehen lassen.
3. Den Teig nochmals kräftig durchkneten und in drei Teile teilen. Drei Kastenformen mit Margarine ausstreichen und mit Mehl ausstäuben. Jedes Teigstück zu einem rechteckigen Laib formen und in die Form geben. Zugedeckt nochmals 25 Minuten gehen lassen.
4. Inzwischen den Backofen auf 200 °C vorheizen und eine feuerfeste, mit Wasser gefüllte Schale hineinstellen. Die Teigoberfläche jeweils mit Wasser bestreichen und mit Sesamsaat bestreuen. Die Brote im Ofen etwa 1 Stunde backen. Dann herausnehmen, kurz in den Formen ruhen lassen, vorsichtig stürzen und vor dem Anschneiden gut abkühlen lassen.

(auf dem Foto: rechts)

Buttermilch-Weizen-Brot

Für 1 Brot
Zubereitungszeit
ca. 45 Min.
Zeit zum Gehen
ca. 1 Std. 30 Min.
Backzeit
ca. 40 Min.

350 g Weizenvollkornmehl
30 g frische Hefe (ca. 3/4 Würfel)
250 ml lauwarme Buttermilch
(z. B. von Müller)
1 EL Meersalz
2 EL weiche Butter
3 EL grob gehackte
Sonnenblumenkerne
3 TL Weizenkleie
Margarine und Mehl für die Form

So wird's gemacht

1. Das Mehl in eine Schüssel geben und in die Mitte eine Mulde drücken. Die Hefe in etwa 100 ml lauwarmer Buttermilch auflösen, die Mischung in die Mulde gießen und mit etwas Mehl vom Rand zu einem Vorteig rühren. Diesen zugedeckt an einem warmen Ort 15 Minuten gehen lassen.

2. Restliche lauwarme Buttermilch, Salz sowie Butter zum Vorteig geben und das Ganze gut verkneten. Sonnenblumenkerne und Weizenkleie unter den Teig kneten. Den Teig zur Kugel formen und zugedeckt an einem warmen Ort etwa 15 Minuten gehen lassen.

3. Den Teig nochmals kräftig durchkneten und ein längliches Brot daraus formen. Eine Kastenform mit Margarine ausstreichen und mit Mehl ausstäuben. Den Brotlaib in die Form legen, mit einem Küchentuch bedecken und an einem warmen Ort 1 Stunde gehen lassen.

4. Den Backofen auf 200 °C vorheizen und eine feuerfeste, mit Wasser gefüllte Schale hineinstellen. Die Teigoberfläche mit Wasser bestreichen und das Brot im Ofen etwa 40 Minuten backen. Dann herausnehmen, kurz in der Form ruhen lassen, vorsichtig stürzen und vor dem Anschneiden auf einem Gitterrost gut abkühlen lassen.

Tip

Sie können aus dem Teig auch Brötchen (ca. 14 Stück) herstellen. Einfach den Teig in etwa 50 g schwere Stücke teilen und diese zu runden Brötchen formen. Diese mit Sonnenblumenkernen oder Haferflocken bestreuen. Bei 200 °C etwa 20 Minuten backen.

Sonnenblumen-vollkornbrot

Für 1 Brot
Zubereitungszeit
ca. 1 Std.
Zeit zum Gehen
ca. 1 Std. 30 Min.
Backzeit
ca. 1 Std.

800 g Roggenbackschrot Type 1800
200 g Weizenbackschrot Type 1700
60 g frische Hefe (ca. 1¹/₂ Würfel)
600 ml lauwarmes Wasser
1 EL Salz
50 g zerlassene Margarine
50 g Sonnenblumenkerne
Margarine für das Blech
Milch zum Bepinseln
Sonnenblumenkerne zum Bestreuen

So wird's gemacht

1. Beide Schrotarten in einer Schüssel vermischen, in die Mitte eine Mulde drücken. Die Hefe im Wasser auflösen und die Mischung in die Mulde gießen. Salz sowie Margarine hinzufügen und alles zu einem glatten Teig verkneten. Diesen zugedeckt in etwa 1 Stunde zur doppelten Größe aufgehen lassen. Dann die Sonnenblumenkerne unterkneten.

2. Aus dem Teig einen länglichen Brotlaib formen. Den Laib auf ein gefettetes Backblech legen und mit Milch bepinseln. Nochmals zugedeckt an einem warmen Ort 30 Minuten gehen lassen. Inzwischen den Backofen auf 200 °C vorheizen.

3. Das Brot nochmals mit Milch bepinseln und etwa 50 Minuten im Ofen backen. Etwa 10 Minuten vor Ende der Backzeit den Ofen öffnen und das Brot mit Sonnenblumenkernen bestreuen.

Korb-Bauern-Brot

Für 1 Brot
Zubereitungszeit
ca. 1 Std. 30 Min.
Zeit zum Gehen
ca. 25 Std.
Backzeit
ca. 1 Std.

Für den Vorteig:

50 g frische Hefe (ca. 1 1/4 Würfel)

230 ml lauwarmes Wasser

je 75 g Roggen- und
Weizenvollkornmehl

Für den Hauptteig:

350 ml lauwarmes Wasser

3 TL Meersalz, 2 EL Öl

je 125 g Roggen- und
Weizenvollkornmehl

400 g Weizenbackschrot Type 1800

Vollkornmehl zum Kneten
und Bestäuben

Margarine für das Blech

So wird's gemacht

1. Für den Vorteig die Hefe in eine Schüssel bröckeln und darin mit dem Wasser verrühren. Die beiden Mehlsorten dazugeben und alles gut verkneten. Den Vorteig zudecken und an einem warmen Ort etwa 24 Stunden gehen lassen.
2. Den Vorteig mit 350 ml lauwarmem Wasser, Salz und Öl gut verrühren. Die beiden Mehlsorten und das Schrot dazugeben, alles vermengen und zu einem glatten Teig verarbeiten. Diesen kräftig durchkneten und dann zugedeckt an einem warmen Ort 30 Minuten gehen lassen.
3. Den Teig erneut kräftig durchkneten. Dabei zwischendurch die Hände mehrmals mit Mehl oder Öl einreiben, damit der Teig nicht daran haften bleibt. Den Teig in einen runden, bemehlten Brotkorb pressen. Die Teigunterseite rautenförmig einritzen, mit Mehl bestäuben und den Teig im Korb nochmals 30 Minuten gehen lassen.

4. Den Backofen auf 200 °C vorheizen und eine feuerfeste, mit Wasser gefüllte Schale hineinstellen. Ein Backblech mit Margarine einstreichen. Den Brotlaib auf das Blech stürzen und auf der zweiten Einschubleiste des Ofens etwa 1 Stunde backen.
5. Das Brot auf einen Gitterrost setzen, mit Mehl bestäuben und vor dem Anschneiden sehr gut abkühlen lassen.

(auf dem Foto: oben)

Tip ▐▬▬▬▬▬▬▬▬

Achten Sie beim Einfüllen des Teiges in den Brotkorb darauf, daß dieser möglichst ganz ausgefüllt ist, damit der Teig das Muster des Brotkorbes optimal annimmt. Am besten formen Sie den Teig vorher zur Kugel, legen diese in den Korb und drücken den Teig dann mit beiden Händen fest in den Korb.

Dreikornbrot

Für 1 Brot
Zubereitungszeit
ca. 1 Std.
Zeit zum Gehen
ca. 1 Std. 30 Min.
Backzeit
ca. 50 Min.

Für den Vorteig:

500 g Weizenvollkornmehl

42 g frische Hefe (1 Würfel)

250 ml lauwarmes Wasser

Für den Hauptteig:

2 EL Olivenöl, 1 EL Kräutersalz

1 El grob zerstoßener Koriander

1 EL grob zerstoßene Fenchelsamen

je 3 EL Sesamsaat, Leinsamen
und Weizenschrot

Margarine für das Blech

etwas gesalzenes Wasser

So wird's gemacht

1. Das Mehl in eine Schüssel geben und in die Mitte eine Mulde drücken. Die Hefe in der Hälfte des lauwarmem Wassers auflösen, die Mischung in die Mulde gießen und mit etwas Mehl vom Rand zu einem Vorteig rühren. Diesen zugedeckt an einem warmen Ort 10 Minuten gehen lassen.
2. Restliches lauwarmes Wasser, Olivenöl, Kräutersalz, Koriander sowie Fenchelsamen zum Vorteig geben und das Ganze gut verkneten. Sesamsaat, Leinsamen und Weizenschrot in einer kleinen Schüssel gut vermengen.
3. Von der Körnermischung 2 Eßlöffel abnehmen, den Rest unter den Teig kneten. Den Teig zur Kugel formen und zugedeckt an einem warmen Ort etwa 1 Stunde gehen lassen.
4. Den Teig nochmals kräftig durchkneten. Ein Backblech mit Margarine einstreichen. Aus der Teigkugel einen länglichen Laib formen, diesen auf das Blech setzen und zugedeckt 30 Minuten gehen lassen.
4. Inzwischen den Backofen auf 200 °C vorheizen. Den Laib mit leicht gesalzenem Wasser bestreichen und mit den restlichen Körnern bestreuen. Auf der zweiten Einschubleiste im Ofen etwa 50 Minuten backen. Das Brot vor dem Anschneiden auf einem Gitterrost gut abkühlen lassen.

(auf dem Foto: unten)

Tip ▐▬▬▬▬▬▬▬▬

Servieren Sie zu diesem Brot eine Kapernbutter, bestehend aus 4 Eßlöffeln fein gehackten Kapern, 125 g weicher Butter und 1 Spritzer Sojasauce.

Kürbiskernbrot

Für 1 Brot
Zubereitungszeit
ca. 1 Std. 45 Min.
Zeit zum Quellen
ca. 12 Std.
Zeit zum Gehen
ca. 2 Std. 45 Min.
Backzeit
ca. 1 Std.

250 g Roggenvollkornmehl
275 ml lauwarmes Wasser
250 g Weizenvollkornmehl
60 g grob gehackte Walnüsse
21 g frische Hefe (ca. 1/2 Würfel)
2 EL Sonnenblumenöl
2 EL flüssiger Honig
1 TL Salz
1 TL gemahlener Koriander
1 TL gemahlener Fenchel
100 g ungeschwefelte,
getrocknete Aprikosen

100 g Kürbiskerne
Margarine für das Blech

So wird's gemacht
1. Das Roggenvollkornmehl in einer Schüssel mit 150 ml Wasser verrühren und die Mischung über Nacht quellen lassen.
2. Das Weizenvollkornmehl und die Walnüsse in eine große Schüssel geben und darin gründlich vermischen. In die Mitte eine Mulde drücken. Die Hefe im restlichen lauwarmem Wasser auflösen und die Mischung in die Mulde gießen. Sonnenblumenöl, Honig, Salz und Gewürze hinzufügen .
3. Das gequollene Roggenvollkornmehl dazugeben und das Ganze kräftig durchkneten, bis ein fester Teig entsteht. Die Aprikosen fein würfeln und zusammen mit den Kürbiskernen unterarbeiten. Den Teig zugedeckt an einem warmen

Ort etwa 2 Stunden gehen lassen. Dann nochmals gut durchkneten.
4. Aus dem Teig einen runden Laib formen. Ein Backblech mit Margarine einstreichen. Den Laib daraufsetzen, zudecken und nochmals 30 Minuten gehen lassen.
5. Den Backofen auf 200 ℃ vorheizen. Die Teigoberfläche gleichmäßig mit lauwarmem Wasser bestreichen und mit einem scharfen Messer rautenförmig etwa 1/2 cm tief einschneiden. Das Brot nochmals 10 Minuten gehen lassen und dann etwa 1 Stunde im Ofen backen.

Pumpernickel

Für 1 Brot
Zubereitungszeit
ca. 45 Min.
Backzeit
ca. 1 Std. 15 Min.

500 g Gerstenvollkornmehl
500 g Roggenvollkornmehl
250 g brauner Zucker
250 g Rübensirup
2 P. Backpulver
350 g weiche Butter
6 Eier
je 1 TL Nelken- und Zimtpulver
150 g geriebene Haselnüsse
3 Stück Zwieback
Margarine für die Form
1 mit etwas Wasser verquirltes
Eigelb zum Bestreichen

So wird's gemacht

1. Mehle, Zucker, Sirup, Backpulver, Butter und Eier in einer Schüssel gut vermengen. Die Gewürze und die Haselnüsse gründlich unterkneten. Die Zwiebäcke auf einer Reibe zu Bröseln reiben und diese unter den Teig arbeiten.
2. Den Backofen auf 180 °C vorheizen. Eine Kastenform mit Margarine ausstreichen. Den Teig in die Form füllen, glattstreichen und die Oberfläche mit verquirltem Eigelb bestreichen. Eine feuerfeste, mit heißem Wasser gefüllte Schale in den Ofen stellen.
3. Die Kastenform in den Ofen geben und das Brot etwa 1¼ Stunden backen. Dann den Ofen ausschalten und das Brot darin noch 30 Minuten ruhen lassen. Den Pumpernickel auf einem Gitterrost abkühlen lassen und vor dem Verzehr in dünne Scheiben schneiden.

Tip

Gerste zählt zu den gesündesten Getreidearten. Sie enthält viele Mineralstoffe, ist leicht verdaulich und besonders magenschonend.

Dunkles Bauernbrot

Für 1 Brot
Zubereitungszeit
ca. 1 Std.
Zeit zum Gehen
ca. 25–27 Std.
Zeit zum Quellen
ca. 24 Std.
Backzeit
ca. 50 Min.

Für den Vorteig:

500 g Roggenschrot
15 g Sauerteigextrakt
(1 P. Halbfertigprodukt)
500 ml lauwarme Buttermilch
Für den Hauptteig:
50 g Roggenkörner
50 g Gerstenkörner
50 g Haferkörner
250 ml heißes Wasser
200 g Weizenvollkornmehl
42 g frische Hefe (1 Würfel)
100 g Rübensirup
2 TL Meersalz
1 TL gemahlener Kardamom
Margarine für die Form

So wird's gemacht

1. Das Roggenschrot in eine Schüssel geben und in die Mitte eine Mulde drücken. Das Extrakt mit der Buttermilch gut verrühren, die Mischung in die Mulde gießen und mit etwas Schrot zu einem Vorteig verrühren. Diesen zugedeckt an einem warmen Ort gute 24 Stunden gehen lassen.
2. Die Getreidekörner in einer Schüssel mit dem heißem Wasser übergießen, so daß sie gut bedeckt sind und darin 24 Stunden quellen lassen. Dann auf einem Sieb gut abtropfen lassen.
3. Für den Hauptteig das Vollkornmehl und die Getreidekörner zum Vorteig geben. Das Ganze vermengen. Die Hefe in eine Tasse bröckeln, darin mit dem Sirup glattrühren und hinzufügen. Salz sowie Kardamom dazugeben und alles zu einem geschmeidigen Teig verkneten.
4. Eine Kastenform mit Margarine ausfetten, den Teig hineinfüllen, glattstreichen und zugedeckt an einem warmen Ort 1 Stunde gehen lassen. Dabei sollte sich das Teigvolumen um etwa ein Drittel vergrößern.
5. Den Backofen auf 200 °C vorheizen. Die Form in den Ofen geben und das Brot etwa 50 Minuten backen. Dann den Ofen ausschalten und das Brot darin noch etwa 15 Minuten ruhen lassen. Sollte das Brot während der Backzeit zu dunkel werden, es nach etwa 40 Minuten mit Alufolie abdecken.
6. Die Form aus dem Ofen nehmen, das Brot auf einen Gitterrost stürzen, mit Wasser bepinseln und vor dem Anschneiden sehr gut abkühlen lassen.

(auf dem Foto: oben)

Kerndlbrot

Für 2 Brote
Zubereitungszeit
ca. 45 Min.
Zeit zum Gehen
ca. 12 Std. 45 Min.
Zeit zum Quellen
ca. 12 Std.
Backzeit
ca. 1 Std. 50 Min.

250 g mittelfeines
Weizenvollkornschrot
150 g mittelfeines
Roggenvollkornschrot
50 g Sauerteig (Halbfertigprodukt)
1 TL Weinsteinbackpulver
(in Bioläden erhältlich)
750 ml lauwarmes Wasser
50 g Roggenkörner
50 g Hirsekörner
50 g Gerstenkörner
350 g Roggenvollkornmehl
350 g Weizenvollkornmehl
3 TL Meersalz
Margarine für das Blech

So wird's gemacht

1. Weizen- und Roggenschrot in einer großen Schüssel vermischen. Sauerteig, Backpulver und 375 ml lauwarmes Wasser dazugeben. Die Zutaten gründlich miteinander verrühren und dann zugedeckt an einem warmen Ort 12 Stunden gehen lassen.
2. Die Getreidekörner in einer Schüssel mit kochendem Wasser überbrühen und darin 12 Stunden quellen lassen.
3. Die Vollkornmehle in einer großen Schüssel mischen, den angesetzten Sauerteig, das Salz sowie das restliche lauwarme Wasser hinzufügen und alles gut verkneten. Die gequollenen Körner auf einem Sieb gut abtropfen lassen und dann unter den Teig kneten. Den Teig zugedeckt an einem warmen Ort etwa 45 Minuten gehen lassen.
4. Den Backofen auf 225 °C vorheizen. Ein Backblech mit Margarine einstreichen. Aus dem Teig zwei längliche Brote formen und diese auf das Blech setzen. Jeden Laib mit einem scharfen Messer etwa 1 cm tief zweimal diagonal einschneiden.
5. Die Laibe mit Wasser bestreichen und dann im Ofen etwa 30 Minuten backen. Dann die Hitze auf 180 °C reduzieren und die Brote in etwa 1 Stunde und 20 Minuten fertigbacken.
6. Anschließend herausnehmen, sofort mit etwas Wasser bepinseln und auf einem Gitterrost abkühlen lassen.

(auf dem Foto: unten)

Tip ▬▬▬▬▬

Dazu paßt eine herzhafte Sardellenbutter, bestehend aus 150 g weicher Butter und 1 Eßlöffel fein gehackten Sardellenfilets.

Grobes Mischbrot

Für 1 Brot
Zubereitungszeit
ca. 1 Std. 15 Min.
Zeit zum Gehen
ca. 2 Std. 30 Min.
Backzeit
ca. 50 Min.

42 g frische Hefe (1 Würfel)
250 ml lauwarmes Wasser
1 Msp. Fruchtzucker
2 EL Butter
2 EL Rübensirup
2 EL Obstessig
200 g Weizenbackschrot Type 1700
50 g Weizenkleie
1 EL Meersalz
1 TL gemahlener Koriander
200 g grob gemahlenes Roggenschrot
leicht gesalzenes Wasser
Mehl zum Bestäuben

So wird's gemacht

1. Die Hefe in ein hohes Rührgefäß bröckeln und darin mit dem lauwarmen Wasser und dem Fruchtzucker verrühren. Den Ansatz zugedeckt an einem warmen Ort 10 Minuten gehen lassen.
2. Butter zusammen mit Sirup in einem kleinen Topf erwärmen und den Obstessig unterrühren. Die Mischung in eine große Schüssel geben und darin mit Backschrot, Kleie, Hefeansatz, Salz sowie Koriander zu einem weichen Teig verrühren.
3. Die Hälfte des Roggenschrots unterkneten und den Teig an einem warmen Ort etwa 1 Stunde gehen lassen. Restliches Roggenschrot einarbeiten und den Teig nochmals zugedeckt an einem warmen Ort 1 Stunde gehen lassen.
4. Den Teig nochmals gut durchkneten und dann zu einem runden Laib formen. Ein Blech mit Wasser benetzen. Den Laib daraufsetzen, mit leicht gesalzenem Wasser bepinseln, mit Mehl bestäuben und nochmals 30 Minuten gehen lassen. Den Backofen auf 180 °C vorheizen.
5. Das Blech auf der zweiten Einschubleiste von unten in den Ofen schieben und das Brot etwa 50 Minuten backen. Vor dem Anschneiden auf einem Gitterrost vollständig abkühlen lassen.

Tip

Servieren Sie zu diesem Brot einen Maronenaufstrich. Hierfür 100 g Maronen über Kreuz einritzen, in leicht gesalzenem Wasser in 30 Minuten weich kochen, schälen und grob zerkleinern. Die Masse mit 100 g weicher Butter, 2 Teelöffeln Kräutersenf, einigen gehackten Estragonblättern und 1 Messerspitze Salz vermischen.

Roggen-Sesam-Brot

Für 1 Brot
Zubereitungszeit
ca. 45 Min.
Zeit zum Gehen
ca. 45 Min.
Backzeit
ca. 1 Std. 10 Min.

42 g frische Hefe (1 Würfel)
1 l lauwarme Milch
1 kg Roggenvollkornmehl
6 EL Sesamkörner
4 EL geschälte Sonnenblumenkerne
3 EL kernige Haferflocken
1 EL Meersalz
Margarine für die Form

So wird's gemacht

1. Die Hefe in der Milch auflösen. Vollkornmehl, Sesamkörner, Sonnenblumenkerne, Haferflocken und Salz in einer Schüssel mischen. In die Mitte eine Mulde drücken, die Hefemilch hineingießen und alles gut verrühren. Den Teig zugedeckt an einem warmen Ort 15 Minuten gehen lassen.

2. Eine Kastenform ausfetten, den Teig hineinfüllen und nochmals 30 Minuten gehen lassen. Den Backofen auf 200 °C vorheizen und eine feuerfeste, mit Wasser gefüllte Schale hineinstellen.

3. Das Brot mit Wasser bestreichen, mehrmals mit einem Holzstäbchen einstechen und etwa 1 Stunde und 10 Minuten backen. Nach 40 Minuten Backzeit mit Alufolie abdecken. Sofort nach dem Backen mit Wasser bepinseln und abkühlen lassen.

Haferbrot

Für 1 Brot
Zubereitungszeit
ca. 45 Min.
Zeit zum Gehen
ca. 45 Min.
Backzeit
ca. 55 Min.

2 EL Margarine (z. B. Sanella)
50 g Vollkornhaferflocken
3 EL geschälte Sonnenblumenkerne
250 g Weizenmehl Type 1050
100 g zarte Haferflocken
50 g Weizenvollkornschrot
21 g frische Hefe (ca. 1/2 Würfel)
400 ml lauwarme Buttermilch
1 TL flüssiger Honig
50 g Magerquark, 2 TL Meersalz
je 1/2 TL gemahlener Kümmel
und Koriander
Margarine für die Form
Vollkornhaferflocken zum Bestreuen

So wird's gemacht
1. Die Margarine in einer großen Pfanne erhitzen und die Vollkornhaferflocken sowie die Sonnenblumenkerne darin unter ständigem Rühren anrösten. Die Mischung abkühlen lassen.
2. Mehl, Haferflocken und Schrot in einer Schüssel vermischen und in die Mitte eine Mulde eindrücken. Die Hefe in die Mulde bröckeln, Buttermilch sowie Honig hinzufügen und die Zutaten mit etwas Mehl vom Rand zu einem Vorteig rühren. Diesen zugedeckt an einem warmen Ort 15 Minuten gehen lassen.
3. Haferflocken-Sonnenblumenkerne-Mischung, Quark, Salz sowie Gewürze zum Vorteig geben und alles zu einem glatten Teig verkneten. Zur Kugel formen und zugedeckt an einem warmen Ort 15 Minuten gehen lassen. Eine Kastenform mit Margarine ausstreichen.
4. Den Teig nochmals kräftig durchkneten und dann in die Form füllen. Glattstreichen, zudecken und an einem warmen Ort etwa 30 Minuten gehen lassen.
5. Den Backofen auf 175 °C vorheizen und eine feuerfeste, mit Wasser gefüllte Schale hineinstellen. Den Brotlaib mit Wasser bestreichen, mit einem scharfen Messer mehrmals waagrecht einschneiden und mit Haferflocken bestreuen. Im Ofen etwa 55 Minuten backen.
6. Anschließend aus der Form stürzen und auf einem Gitterrost abkühlen lassen.

Ganzkornbrot

Für 2 Brote
Zubereitungszeit
ca. 45 Min.
Zeit zum Quellen
ca. 12 Std.
Zeit zum Gehen
ca. 2 Std. 30 Min.
Backzeit
ca. 2 Std.

je 100 g Gersten-, Weizen-,
Roggen-, Hirse- und Haferkörner
500 g Roggenbackschrot Type 1800
500 g Weizenbackschrot Type 1700
42 g frische Hefe (1 Würfel)
1 TL flüssiger Honig
450 ml lauwarmes Wasser
2 TL Salz
150 g Sauerteig (Halbfertig-
produkt)
2 TL Kümmel
Margarine für die Formen

So wird's gemacht

1. Die Körner in eine Schüssel geben, vermischen, mit Wasser bedecken und etwa 12 Stunden darin quellen lassen. Dann auf einem Sieb gut abtropfen lassen.

2. Roggen- und Weizenbackschrot in einer Schüssel vermischen. In die Mitte eine Mulde drücken. Die Hefe in eine Tasse bröckeln, darin zusammen mit Honig und einigen Eßlöffeln Wasser verrühren, die Mischung in die Mulde gießen und mit etwas Schrot vom Rand zu einem Vorteig rühren. Diesen zugedeckt an einem warmen Ort etwa 20 Minuten gehen lassen.

3. Restliches Wasser, Salz, Sauerteig, Kümmel sowie vorgequollene Körnermischung zum Vorteig geben und kräftig einarbeiten. Den Teig gut durchkneten, zur Kugel formen und zugedeckt an einem warmen Ort 2 Stunden gehen lassen.

4. Den Backofen auf 200 °C vorheizen. Zwei Kastenformen mit Margarine ausstreichen. Den Teig halbieren und jeweils eine Hälfte in eine Form füllen. Die Teigoberflächen mit einem scharfen Messer mehrmals einkerben und mit Alufolie abdecken.

5. Die Brote in den Ofen geben und etwa 1 1/2 Stunden backen. Dann die Folie abnehmen und die Brote nochmals 30 Minuten backen. Aus den Formen stürzen und vor dem Anschneiden auf einem Gitterrost gut abkühlen lassen.

Feiner Vollkorn-fladen

Für ca. 10 Stück
Zubereitungszeit
ca. 30 Min.
Zeit zum Ruhen
ca. 1 Std.

250 g fein gemahlenes
Weizenvollkornmehl
1/2 TL Meersalz
2 TL kalt gepreßtes Olivenöl
100 ml lauwarmer Vollmilchjoghurt
Vollkornmehl zum Ausrollen
Olivenöl zum Ausbacken

So wird's gemacht
1. Das Weizenvollkornmehl in eine
   Schüssel geben und darin mit Salz,
   Olivenöl sowie lauwarmem Joghurt
   etwa 10 Minuten verkneten. Es sollte ein fester Teig entstehen. Diesen
   etwa 1 Stunde ruhen lassen.
2. Eine Arbeitsfläche mit Mehl bestreu-
   en. Den Teig in Portionen von etwa
   25 g teilen und jede Portion auf der
   Arbeitsfläche zu einem Fladen ausrollen.
3. Eine große Pfanne leicht mit Olivenöl ausstreichen und erhitzen.
   Die Fladen darin von beiden Seiten
   jeweils 1 Minute ausbacken. Dabei
   zwischendurch immer wieder etwas
   Öl in die Pfanne geben. Die Fladen
   sollten noch weich sein. Lauwarm
   servieren.

(auf dem Foto: oben)

Tip

Diese Fladen eignen sich gut, wenn Sie
Gäste erwarten. Der Teig darf auch etwas länger ruhen, so daß Sie die Brote
kurz vor dem Verzehr zubereiten
können.

Wildkräuterbrot

Für 1 Brot
Zubereitungszeit
ca. 45 Min.
Zeit zum Gehen
ca. 1 Std. 20 Min.
Backzeit
ca. 45 Min.

60 g frische Hefe (ca. 1 1/2 Würfel)
700 ml lauwarmes Wasser
1 kg fein gemahlenes Weizenvollkorn-
mehl, 2–3 TL Meersalz
2 Bd. gemischte Wildkräuter (Löwen-
zahn, Sauerampfer, junge Brennessel-
blätter und Brunnenkresse)
60 g weiche Butter
Butter für das Blech

So wird's gemacht
1. Die Hefe in eine Tasse bröckeln,
   darin in einigen Eßlöffeln lauwarmem Wasser auflösen und in eine
   große Schüssel gießen. Das Weizenvollkornmehl, das restliche Wasser
   sowie das Salz hinzufügen und das
   Ganze zu einem glatten Teig verkneten. Zugedeckt warm stellen.
2. Die Wildkräuter waschen, trockenschleudern, fein hacken und zusammen mit der Butter unter den Teig
   arbeiten. Den Teig zugedeckt an einem warmen Ort 30 Minuten gehen
   lassen.
3. Nochmals gut durchkneten und
   dann erneut zugedeckt 30 Minuten
   gehen lassen. Ein Backblech einfetten. Aus dem Teig einen länglichen
   Laib formen, diesen auf das Blech
   setzen und nochmals 20 Minuten
   gehen lassen. Inzwischen den
   Backofen auf 275 °C vorheizen und
   eine feuerfeste, mit Wasser gefüllte
   Schale hineinstellen.
4. Das Brot im Ofen 25 Minuten
   backen. Dann die Schale herausnehmen und das Brot in 20 bis 25 Minuten fertigbacken.

(auf dem Foto: Mitte links)

Brezeln mit Käsefüllung

Für ca. 16 Stück
Zubereitungszeit
ca. 45 Min.
Zeit zum Gehen
ca. 45 Min.
Backzeit
ca. 40 Min.

350 ml Milch
2 EL flüssiger Honig
42 g frische Hefe (1 Würfel)
550 g fein gemahlenes
Weizenvollkornmehl
1 Prise Meersalz
2–3 EL kalt gepreßtes Olivenöl
Öl für das Blech und zum Bestreichen
200 g Emmentaler in Scheiben

So wird's gemacht
1. Einige Eßlöffel Milch zusammen mit
   dem Honig erwärmen und die Hefe
   darin auflösen. Die Mischung in eine
   Schüssel gießen und das Mehl hinzufügen. Restliche Milch erwärmen,
   dazugeben und das Ganze zu einem
   glatten Teig verkneten. Diesen zugedeckt an einem warmen Ort 15 Minuten gehen lassen.
2. Das Salz und das Öl einarbeiten und
   den Teig gut durchkneten. Ihn in etwa 16 Stücke teilen und daraus jeweils etwa 15 cm lange Rollen formen, diese zu Brezeln schlingen.
   Ein Blech mit Öl einstreichen, die
   Brezeln darauflegen und zugedeckt
   30 Minuten ruhen lassen.
3. Den Backofen auf 220 °C vorheizen.
   Die Brezeln mit Öl bestreichen und
   in 20 bis 30 Minuten knusprig
   backen. Die noch warmen Brezeln
   vorne einschneiden und jeweils eine
   Käsescheibe hineinschieben. Die
   Brezeln nochmals in den Ofen geben und so lange backen, bis der
   Käse geschmolzen ist.

(auf dem Foto: Mitte rechts)

Kleiebrot

Für 1 Brot
Zubereitungszeit
ca. 1 Std. 45 Min.
Zeit zum Gehen
ca. 1 Std. 30 Min.
Backzeit
ca. 1 Std.

400 g Roggenmehl Type 997
400 g Weizenbackschrot Type 1700
200 g Weizenkleie
4 TL Salz
70 g frische Hefe (ca. 1 3/4 Würfel)
625 ml lauwarmes Wasser
1 P. gemahlenes Brotgewürz
(in Reformhäusern erhältlich)
Weizenvollkornmehl zum
Kneten und Bestreuen
Margarine für das Blech

So wird's gemacht

1. Mehl, Backschrot und Kleie in eine große Schüssel geben, das Salz hinzufügen, die Hefe darüberbröckeln und alles gut miteinander vermischen. Das Wasser mit einem hölzernen Kochlöffel oder mit den Knethaken eines Handrührgeräts unter das Mehlgemisch rühren, bis sich der Teig vom Schüsselrand löst.

2. Den Teig zur Kugel formen und auf einer bemehlten Arbeitsfläche 10 bis 15 Minuten lang kräftig kneten, bis er nicht mehr klebt, fest und geschmeidig ist.

3. Die Teigkugel auf den mit Mehl bestreuten Boden einer Schüssel legen. Die Schüssel in einen großen Plastikbeutel schieben, mit einem Küchentuch bedecken und den Teig an einem warmen Ort 45 Minuten gehen lassen, bis sich sein Umfang verdoppelt hat. Das Brotgewürz gründlich unterkneten.

4. Aus dem Teig einen ovalen Laib formen und diesen auf ein gefettetes Blech legen. Zugedeckt an einem warmen Ort 45 Minuten gehen lassen. Den Laib mit Mehl bestreuen und mit einem Schaschlickspieß ein Sternmuster in die Oberfläche einstechen.

5. Den Backofen auf 250 °C vorheizen. Eine feuerfeste, mit heißem Wasser gefüllte Schale hineinstellen. Den Laib auf der mittleren Einschubleiste 1 Stunde backen. Das Brot auf einem Gitterrost abkühlen lassen.

Tip

Durch den Kleieanteil ist dieses kräftig schmeckende Vollkornbrot ebenso gesund wie verdauungsfördernd. Mit Frischkäse und Radieschen oder mit vollreifen Tomaten und Zwiebeln belegt, ist es eine wahre Delikatesse.

Holsteiner Vollkornbrot

Für 1 Brot
Zubereitungszeit
ca. 45 Min.
Zeit zum Gehen
ca. 1 Std. 15 Min.
Backzeit
ca. 1 Std.

1 TL Fenchelsamen
300 g Weizenvollkornmehl
200 g Roggenvollkornmehl
42 g frische Hefe (1 Würfel)
2 TL Meersalz
1 TL gemahlener Koriander
1 TL gemahlener Anis
650 ml lauwarmes Wasser
Margarine für das Blech

So wird's gemacht

1. Den Fenchelsamen in einem Mörser zerstoßen. Die Mehle in einer Schüssel vermischen. In die Mitte eine Mulde drücken. Zerbröckelte Hefe, Salz sowie Gewürze hineingeben, das Wasser dazugießen und die Zutaten mit der Hälfte des Mehl zu einem Vorteig rühren. Diesen zugedeckt an einem warmen Ort 45 Minuten gehen lassen.

2. Restliches Mehl einarbeiten, den Teig gut durchkneten und zu einem Laib formen. Auf ein gefettetes Blech legen und zugedeckt an einem warmen Ort 30 bis 35 Minuten gehen lassen.

3. Den Backofen auf 225 °C vorheizen. Eine feuerfeste, mit heißem Wasser gefüllte Schale hineinstellen. Den Laib auf der mittleren Einschubleiste 1 Stunde backen. Das Brot vor dem Anschneiden auf einem Gitterrost abkühlen lassen.

Haselnuß-vollkornbrot

Für 1 Brot
Zubereitungszeit
ca. 1 Std.
Zeit zum Quellen
ca. 12 Std.
Zeit zum Gehen
ca. 15 Std.
Backzeit
ca. 1 Std.

125 g Roggenkörner
200 g Roggenvollkornschrot
1 TL Backferment (Halbfertigprodukt)
2 TL Sauerteigextrakt
(Halbfertigprodukt)
200 ml lauwarmes Wasser
300 g grob gemahlenes
Roggenvollkornmehl
200 g fein gemahlenes
Weizenvollkornmehl
150 ml heißes Wasser
1 Msp. gemahlene Muskatblüte
1 TL gemahlenes Piment
1/2 TL gemahlener Kardamom
3 TL Salz
1 TL flüssiger Honig
100 g grob gehackte Haselnußkerne
Roggenbackschrot zum Kneten
und Ausstreuen
Margarine für die Form

So wird's gemacht

1. Die Roggenkörner mit kochendem Wasser überbrühen und darin 12 Stunden quellen lassen. Roggenschrot in einer Schüssel mit Backferment, Sauerteigextrakt und lauwarmem Wasser verrühren. Den Ansatz zugedeckt 12 Stunden an einem warmen Ort gehen lassen. Dann vom Ansatz 2 Eßlöffel abnehmen und in eine Schüssel geben. Restlichen Ansatz in ein Schraubglas füllen.

2. Gequollene Roggenkörner mitsamt Einweichwasser, Mehle, heißes Wasser, Gewürze, Salz sowie Honig zum Ansatz geben und das Ganze mit den Knethaken eines Handrührgeräts gründlich verkneten. Die Haselnüsse unter den Teig arbeiten und diesen zugedeckt an einem warmen Ort 2 Stunden gehen lasen.

3. Den Teig auf einer mit Roggenschrot bestreuten Arbeitsfläche nochmals gut durchkneten. Eine Kastenform mit Margarine ausstreichen und mit Roggenschrot ausstreuen. Den Teig hineinfüllen, mit lauwarmem Wasser bepinseln, mit etwas Schrot bestreuen und nochmals 1 Stunde gehen lassen.

4. Den Backofen auf 220 °C vorheizen. Die Teigoberfläche mit Wasser bestreichen und das Brot im Ofen etwa 1 Stunde backen. Danach stürzen und auf einem Gitterrost abkühlen lassen.

Feines Vollkornbrot

Für 1 Brot
Zubereitungszeit
ca. 1 Std.
Zeit zum Gehen
ca. 1 Std. 30 Min.
Backzeit
ca. 1 Std.

750 g Weizenvollkornmehl

100 g Sauerteig (Halbfertigprodukt)

2 P. Trockenhefe

500 ml lauwarmes Wasser

1 EL gemahlenes Brotgewürz
(in Reformhäusern erhältlich)

1 TL gemahlener Anis

1 TL Fenchelsamen

1 TL Kümmel

2 TL Meersalz

50 g geschälte Sonnenblumenkerne
zum Bestreuen

So wird's gemacht

1. Das Mehl in eine große Schüssel geben und in die Mitte eine Mulde drücken. Sauerteig, Trockenhefe, lauwarmes Wasser, Gewürze und Salz hineingeben. Das Ganze mit den Knethaken eines Handrührgeräts in etwa 5 Minuten zu einem glatten Teig verkneten.

2. Den Teig zur Kugel formen, wieder in die Schüssel legen, mit einem Küchentuch bedecken und an einem warmen Ort etwa 1 Stunde gehen lassen. Anschließend den Teig auf bemehlter Arbeitsplatte nochmals kräftig durchkneten.

3. Ein Backblech mit Backpapier belegen. Aus dem Teig einen länglichen Laib formen und diesen auf das Blech legen. Die Teigoberfläche mit einem scharfen Messer rautenförmig einschneiden. Den Laib zugedeckt an einem warmen Ort 30 Minuten gehen lassen.

4. Den Backofen auf 220 °C vorheizen. Den Brotlaib mit Wasser bestreichen und mit Sonnenblumenkernen bestreuen. Auf der mittleren Einschubleiste des Ofens etwa 1 Stunde backen. Das Brot vor dem Anschneiden auf einem Gitterrost gut abkühlen lassen.

Tip

Sie können unter den Teig zusätzlich noch 50 g geschälte, grob gehackte Sonnenblumenkerne kneten, dann schmeckt das Brot noch kräftiger.

Brötchen & Co.

Wer ißt nicht gerne ofenwarme, frische Brötchen? Dieses Gebäck schmeckt nicht nur zum Frühstück, sondern auch zum Imbiß oder Abendessen. In diesem Kapitel finden Sie neben den beliebten Sonntagsbrötchen auch Vollkorngebäck und herzhafte Fladenbrote, die als Beilage für warme, saucenhaltige Gerichte wunderbar geeignet sind. Die deutsche Brotbackkunst hat sich in den letzten Jahren von unseren europäischen Nachbarn inspirieren lassen, so daß griechische, türkische und italienische Gebäckspezialitäten auch in hiesigen Bäckereien zu finden sind. Ein Großteil der Brötchen sind schnell und einfach zuzubereiten. Überraschen Sie doch Ihre Gäste bei Ihrer nächsten Party mit selbstgebackenen Brötchen oder Fladen!

Buttermilch-brötchen

Für ca. 17 Stück
Zubereitungszeit
ca. 30 Min.
Zeit zum Quellen
ca. 12 Std.
Zeit zum Gehen
ca. 1 Std. 30 Min.
Backzeit
ca. 20 Min.

100 g Weizenkörner
250 g Weizenvollkornmehl
250 g Roggenmehl Type 1370
42 g frische Hefe (1 Würfel)
200 ml lauwarme Buttermilch
(z. B. von MÜLLER)
1 TL Salz, 100 g Magerquark
Mohn-, Sesamsamen, Sonnenblumen-
kerne, Kümmel und Steinsalz zum
Bestreuen

So wird's gemacht

1. Die Weizenkörner in einer Schüssel mit kochendem Wasser überbrühen und darin etwa 12 Stunden quellen lassen. Dann auf einem Sieb gut abtropfen lassen.

2. Die Mehle in einer großen Schüssel vermischen und in die Mitte eine Mulde drücken. Die Hefe hineinbröckeln, Buttermilch, Salz, Magerquark und Weizenkörner dazugeben. Das Ganze mit den Knethaken eines elektrischen Handrührgeräts gründlich verkneten.

3. Den Teig zur Kugel formen, wieder in die Schüssel legen, mit einem Küchentuch bedecken und an einem warmen Ort 1 Stunde gehen lassen.

4. Von der Teigkugel etwa 60 g schwere Stücke abnehmen, diese jeweils rund oder länglich formen und zugedeckt an einem warmen Ort etwa 30 Minuten gehen lassen. Den Backofen auf 220 °C vorheizen.

5. Eine feuerfeste, mit Wasser gefüllte Schale in den Ofen stellen und ein Blech darin heiß werden lassen. Die Brötchen mit Wasser bestreichen, nach Belieben mit Mohn-, Sesamsamen, Sonnenblumenkernen, Kümmel oder Steinsalz bestreuen und auf das Blech setzen. Auf der mittleren Einschubleiste des Ofens 15 bis 20 Minuten backen.

Tip

Durch den Roggenmehlanteil sind diese Brötchen mehrere Tage haltbar.

Knusprige Haferbrötchen

Für ca. 12 Stück
Zubereitungszeit
ca. 30 Min.
Zeit zum Gehen
ca. 1 Std.
Backzeit
ca. 25 Min.

125 g kernige Haferflocken (z. B. von Kölln)
375 g Weizenmehl Type 550
21 g Hefe (ca. $^1/_2$ Würfel)
$^1/_2$ TL Zucker
250 ml lauwarme Milch
1 TL Salz
Margarine für das Blech
Milch zum Bestreichen
Haferflocken zum Bestreuen

So wird's gemacht

1. Die Haferflocken und das Mehl in einer Schüssel vermischen, in die Mitte eine Mulde drücken. Die Hefe hineinbröckeln, Zucker sowie Milch hinzufügen und die Zutaten mit etwas Mehl vom Rand zu einem Vorteig verrühren. Diesen zugedeckt an einem warmen Ort 30 Minuten gehen lassen.

2. Das Salz dazugeben und alles zu einem glatten Teig verkneten. Den Teig zur Rolle formen, von dieser etwa 100 g schwere Stücke abschneiden. Die Stücke zu Brötchen formen und diese auf eine gefettetes Blech setzen. Mit Milch bestreichen und zugedeckt an einem warmen Ort 25 bis 30 Minuten gehen lassen.

3. Den Backofen auf 240 °C vorheizen. Die Brötchen über Kreuz einschneiden, nochmals mit Milch bestreichen, mit Haferflocken bestreuen und im Ofen 20 bis 25 Minuten backen.

Brötchenkranz

Für ca. 34 Stück
Zubereitungszeit
ca. 1 Std.
Zeit zum Gehen
ca. 1 Std. 30 Min.
Backzeit
ca. 30 Min.

Für den Teig:

700 g Weizenmehl Type 550
42 g frische Hefe (1 Würfel)
1 TL Zucker
1 Ei
850 ml lauwarme Milch
1 TL Salz
500 g zarte Haferflocken
(z. B. von Kölln)

Zum Bestreichen:

1 Ei
4 EL Milch

Zum Bestreuen:

je nach Wunsch Mohnsamen,
Kümmel, Sesamsamen, Haferflocken
oder Leinsamenschrot

Außerdem:

Mehl zum Kneten
Öl für das Blech

So wird's gemacht

1. Das Mehl in eine Schüssel geben und in die Mitte eine Mulde hineindrücken. Die Hefe in die Mulde bröckeln, den Zucker und das Ei hinzufügen. Die Milch angießen und das Ganze mit den Knethaken eines Handrührgeräts zu einem glatten Teig verrühren, der sich vom Schüsselrand löst.

2. Den Teig zur Kugel formen, aus der Schüssel nehmen und auf einer bemehlten Arbeitsfläche mit den Händen etwa 10 Minuten kräftig durchkneten, bis er nicht mehr klebt und geschmeidig ist. Der Teig darf nicht zu weich sein, damit die Brötchen nicht auseinanderlaufen.

3. Die Teigkugel auf den mit Mehl bestreuten Boden einer Schüssel legen, diese in einen großen Pla-

stikbeutel schieben und mit einem Küchentuch bedecken. Den Teig bei Zimmertemperatur etwa 30 Minuten gehen lassen, bis sich sein Volumen verdoppelt hat.

4. Nun das Salz und die Haferflocken unterarbeiten. Den Teig gut durchkneten und dann nochmals zugedeckt an einem warmen Ort 25 bis 30 Minuten gehen lassen.

5. Den Teig erneut gut durchkneten und in etwa 100 g schwere Teigstückchen teilen. Jedes Teigstückchen nochmals durchkneten und mit bemehlten Händen ein rundes Brötchen daraus formen.

6. Ein Backblech dünn mit Öl einstreichen. Die Brötchen auf dem Blech zu einem Kranz zusammensetzen, dabei zwischen den einzelnen Brötchen etwas Abstand lassen, damit der Teig noch aufgehen kann. Das Ganze mit einem Tuch bedecken und an einem warmen Ort nochmals 20 bis 30 Minuten gehen lassen, bis sich der Umfang der Brötchen verdoppelt hat.

7. Den Backofen auf 220 °C vorheizen. Das Ei mit der Milch verquirlen und die Brötchen mit der Mischung bestreichen. Mit einem scharfen Messer oder einer Schere beliebig einschneiden und mit Mohnsamen, Kümmel, Sesamsamen, Haferflocken oder Leinsamenschrot bestreuen.

8. Eine feuerfeste, mit heißem Wasser gefüllte Schale in den Backofen stellen. Die Brötchen auf der mittleren Einschubleiste des Ofens 25 bis 30 Minuten backen. Vor dem Verzehr auf einem Gitterrost abkühlen lassen.

Tip

Dieser Brötchenkranz sieht hübsch aus und ist die ideale Beilage für eine kleine Party.

Variation

Die gleichen Brötchen lassen sich anstatt mit Hefe- auch mit Sauerteig zubereiten. Hierfür 300 g Weizenmehl Type 550 in einer Schüssel mit 300 ml lauwarmem Wasser, 1 Teelöffel Sauerteigextrakt und 1 Teelöffel Backferment verrühren. Den Ansatz zugedeckt an einem warmen Ort über Nacht ruhen lassen. Am nächsten Tag 200 g Weizenmehl Type 550, 500 g Roggenmehl Type 1370, 350 ml warmes Wasser, 4 Teelöffel Salz sowie 2 Eßlöffel Rübensirup zum Ansatz geben. Alles zu einem glatten Teig verkneten und diesen zugedeckt an einem warmen Ort 1 Stunde gehen lassen. Aus dem Teig Brötchen formen, diese auf ein gefettetes Blech setzen und nochmals 20 Minuten gehen lasen. Dann mit warmem Wasser bestreichen, nach Belieben mit Mohn- oder Sesamsamen bestreuen und nochmals 10 Minuten gehen lassen. Die Brötchen im vorgeheizten Ofen auf der mittleren Einschubleiste bei 180 °C etwa 50 Minuten backen. Die fertigen Brötchen sind dunkel, haben einen kräftigen Geschmack und passen sehr gut zu einer herzhaften Brotzeit.

Milchbrötchen

Für ca. 20 Stück
Zubereitungszeit
ca. 35 Min.
Zeit zum Gehen
ca. 25 Min.
Backzeit
ca. 20 Min.

400 ml Milch
42 g frische Hefe (1 Würfel)
1 TL Kleehonig
1 TL Meersalz
600 g fein gemahlenes Dinkelmehl
Butter für das Blech
Weizenmehl zum Bestäuben

So wird's gemacht
1. Die Milch in einem kleinen Topf auf Handtemperatur erwärmen. Die Hefe hineinbröckeln und zusammen mit dem Honig unter Rühren darin auflösen. Dann das Salz einrühren.
2. Das Mehl in eine große Schüssel geben und in die Mitte eine Mulde drücken. Die Hefemilch in die Mulde gießen und das Ganze 5 Minuten mit den Knethaken eines Handrührgeräts verkneten.
3. Den Teig zur Kugel formen. Die Teigkugel auf den mit Mehl bestreuten Boden einer Schüssel legen, diese in einen großen Plastikbeutel schieben und mit einem Küchentuch bedecken. Den Teig bei Zimmertemperatur etwa 15 Minuten gehen lassen, bis sich sein Volumen verdoppelt hat.
4. Inzwischen den Backofen auf 220 ℃ vorheizen. Ein Backblech einfetten.
5. Mit einem Eßlöffel kleine Häufchen auf das Blech setzen, dabei auf ausreichenden Abstand achten. Den Teig nochmals 10 Minuten gehen lassen.
6. Die Brötchen mit etwas Mehl bestäuben und auf der mittleren Einschubleiste des Ofens 15 bis 20 Minuten backen. Auf einem Gitterrost abkühlen lassen.

Tip

Dieser einfach herzustellende Teig ergibt wunderbar zarte Brötchen, die sich auch gut einfrieren lassen. Nach dem Auftauen sollten Sie sie nochmals in den heißen Backofen schieben, damit sie knusprig serviert werden können. Machen Sie die Teighäufchen nicht zu groß, da der Teig beim Backen noch ein wenig aufgeht.

Quarkbrötchen

Für ca. 16 Stück
Zubereitungszeit
ca. 35 Min.
Zeit zum Gehen
ca. 25 Min.
Backzeit
ca. 25 Min.

100 g weiche Margarine (z. B. Sanella)
100 g flüssiger Honig
1 Prise Salz
5 EL Sahne
2 Eier
250 g Magerquark
375 Weizenvollkornmehl
1 P. Backpulver
100 g zarte Haferflocken
Weizenmehl zum Kneten
Milch zum Bestreichen
Haferflocken zum Bestreuen

So wird's gemacht

1. Margarine, Honig, Salz, Sahne und Eier in einer Schüssel mit den Quirlhaken eines Handrührgeräts gründlich verrühren.
2. Den Quark in einem Küchentuch ausdrücken und dann hinzufügen. Das Weizenvollkornmehl mit dem Backpulver vermischen und zusammen mit den Haferflocken in die Schüssel geben.
3. Das Ganze zu einem glatten Teig verkneten. Aus dem Teig mit bemehlten Händen eine Rolle formen. Ein Blech mit Backpapier belegen.
4. Die Teigrolle in 16 Stücke schneiden und jedes Stück mit bemehlten Händen zu einer Kugel formen. Die Teigkugeln auf das Blech setzen und mit einem scharfen Messer über Kreuz einritzen. Mit einem Küchentuch bedecken und an einem warmen Ort 20 bis 25 Minuten gehen lassen.
5. Den Backofen auf 220 °C vorheizen. Die Brötchen mit Milch bestreichen, mit Haferflocken bestreuen und auf der mittleren Einschubleiste des Ofens 20 bis 25 Minuten backen.

Tip

Die Zugabe des Quarks sorgt dafür, daß die Brötchen knusprig und locker werden. Lauwarm serviert, schmecken sie sowohl mit süßen als auch mit pikanten Belägen. Sie können die Brötchen auch mit Mohnsamen bestreuen.

Kressebrötchen

Für ca. 10 Stück
Zubereitungszeit
ca. 35 Min.
Zeit zum Gehen
ca. 15 Min.
Backzeit
ca. 15 Min.

250 g Weizenmehl Type 405
1 TL Backpulver
1 TL Salz
3 EL Sonnenblumenöl
175 g Sahnedickmilch
(z. B. von MÜLLER)
1 Kästchen Kresse, 1 kleine Zwiebel
1 EL Distelöl
1 TL getrocknetes Basilikum
Weizenmehl zum Ausrollen
Butter für das Blech
1 verquirltes Eigelb zum Bestreichen

So wird's gemacht

1. Das Mehl in einer Schüssel mit dem Backpulver vermischen. Salz, Sonnenblumenöl sowie Sahnedickmilch hinzufügen und das Ganze mit den Quirlhaken eines Handrührgeräts gründlich verrühren.
2. Die Schüssel mit einem Küchentuch bedecken und den Teig an einem warmen Ort etwa 15 Minuten ruhen lassen.
3. In der Zwischenzeit die Kresse mit einer Küchenschere abschneiden, auf einem Sieb waschen und gut abtropfen lassen. Dann fein wiegen. Die Zwiebel schälen und fein hacken.
4. Das Distelöl in einer Pfanne erhitzen und die Zwiebel sowie die Kresse darin andünsten. Das Basilikum einrühren und die Kräutermischung abkühlen lassen. Dann mitsamt dem Distelöl gründlich unter den Teig kneten.
5. Den Teig auf einer bemehlten Arbeitsfläche etwa fingerdick ausrollen. Mit einem Glas runde Plätzchen (ca. 7 cm Ø) ausstechen. Ein Blech mit Butter einstreichen und die Plätzchen darauflegen.
6. Den Backofen auf 200 °C vorheizen. Die Brötchen mit verquirltem Eigelb bestreichen und auf der mittleren Einschubleiste des Ofens 15 Minuten backen.

Tip

Diese feinen Brötchen sind schnell gemacht und bereichern jeden sonntäglichen Frühstückstisch. Köstlich schmecken sie mit selbstgemachten Quarkaufstrichen, zum Beispiel mit Paprika- oder Kräuterquark.

Feine Sonntagsbrötchen

Für ca. 8 Stück
Zubereitungszeit
ca. 35 Min.
Zeit zum Gehen
ca. 1 Std.
Backzeit
ca. 25 Min.

300 g Weizenmehl Type 405
50 g Weizenvollkornmehl
21 g frische Hefe (ca. $1/2$ Würfel)
1 EL Zucker
200 ml lauwarme Buttermilch
(z. B. von MÜLLER)
$1/2$ TL Salz
2 EL Sesamsaat
2 TL Fenchelsamen
Öl für das Blech
Sesamsamen zum Bestreuen

So wird's gemacht

1. Die Mehle in eine Schüssel mischen, in die Mitte eine Mulde drücken. Die Hefe hineinbröckeln, Zucker sowie Buttermilch hinzufügen und die Zutaten zu einem Vorteig rühren. Zugedeckt an einem warmen Ort 20 Minuten gehen lassen.

2. Salz, Sesamsaat und Fenchelsamen dazugeben und das Ganze zu einem glatten Teig verkneten. Zur Kugel formen und nochmals 30 Minuten gehen lassen. Dann in 8 gleich große Stücke teilen, diese zu Brötchen formen und auf ein gefettetes Blech setzen. Nochmals 5 Minuten gehen lassen.

3. Den Backofen auf 180 °C vorheizen. Die Brötchen mit Sesamsamen bestreuen und im Ofen 20 bis 25 Minuten backen.

Weizenschrot-Koriander-Brötchen

Für ca. 12 Stück
Zubereitungszeit
ca. 1 Std. 30 Min.
Zeit zum Quellen
ca. 12 Std.
Zeit zum Gehen
ca. 1 Std. 15 Min.
Backzeit
ca. 25 Min.

150 g Weizenschrot
150 g Weizenvollkornmehl
1 TL Salz
50 g grob gehackte Walnüsse
1 TL gemahlener Koriander
15 g frische Hefe (ca. 1/3 Würfel)
125 ml lauwarmes Wasser
Weizenvollkornmehl zum Ausstreuen

So wird's gemacht

1. Das Weizenschrot in einer Schüssel über Nacht in Wasser quellen und am nächsten Tag auf einem Sieb gut abtropfen lassen.
2. Mehl sowie Weizenschrot in einer Schüssel mischen. Salz, Walnüsse und Koriander hinzufügen. Die Hefe in eine Tasse bröckeln und darin im lauwarmem Wasser auflösen. Die Mischung in die Schüssel gießen und das Ganze zu einem glatten Teig verkneten.
3. Den Teig zur Kugel formen. Die Teigkugel auf den mit Mehl bestreuten Boden einer Schüssel legen, diese in einen großen Plastikbeutel schieben und mit einem Küchentuch bedecken. Den Teig bei Zimmertemperatur etwa 1 Stunde gehen lassen, bis sich sein Volumen verdoppelt hat.
4. Dann den Teig in 12 Stücke teilen. Diese zu gleich großen Brötchen formen, auf ein mit Backpapier belegtes Blech setzen und zugedeckt nochmals 20 Minuten gehen lassen.

5. Den Backofen auf 220 °C vorheizen. Die Brötchen auf der mittleren Einschubleiste des Ofens 20 bis 25 Minuten backen. Vor dem Verzehr auf einem Gitterrost abkühlen lassen.
(auf dem Foto: oben)

Variation

Sehr fein schmecken die Brötchen auch, wenn Sie sie anstatt mit Weizen- mit Sojaschrot zubereiten. Hierfür 300 g Sojaschrot in 400 ml Wasser 2 Stunden quellen und anschließend gut abtropfen lassen. Dann 30 g frische Hefe in 350 ml lauwarmem Wasser auflösen und die Mischung in einer Schüssel mit Sojaschrot, 400 g Weizenvollkornmehl, 100 g Vollsojamehl, 2 Teelöffeln Meersalz und 50 g weicher Butter vermengen. Den Teig an einem warmen Ort 20 Minuten gehen lassen. Dann daraus 12 Brötchen formen und diese 20 Minuten gehen lassen. Die Sojabrötchen mit Wasser bestreichen und im vorgeheizten Ofen bei 190 °C 30 bis 35 Minuten backen.

Schichtkäse-Mohn-Brötchen

Für ca. 12 Stück
Zubereitungszeit
ca. 1 Std. 15 Min.
Zeit zum Gehen
ca. 45 Min.
Backzeit
ca. 25 Min.

500 g Weizenvollkornmehl
1 Prise Salz
42 g frische Hefe (1 Würfel)
2 TL kalt geschleuderter Blütenhonig
125 ml lauwarme Milch
50 g weiche Butter
250 g Schichtkäse
Weizenvollkornmehl zum Ausstreuen
1 Eigelb
2 TL Milch
3 TL Mohnsamen

So wird's gemacht

1. Das Mehl und das Salz in einer Schüssel vermischen. Die Hefe und den Honig in der lauwarmem Milch auflösen und zusammen mit der Butter zum Mehl geben. Die Zutaten mit den Knethaken eines Handrührgeräts 5 Minuten gut miteinander verkneten.
2. Den Schichtkäse in einem Küchentuch auspressen und dann unter den Teig arbeiten. Den Teig zur Kugel formen.
3. Die Teigkugel auf den mit Mehl bestreuten Boden einer Schüssel legen, diese in einen großen Plastikbeutel schieben und mit einem Küchentuch bedecken. Den Teig bei Zimmertemperatur etwa 30 Minuten gehen lassen, bis sich sein Volumen verdoppelt hat.
4. Dann den Teig in 12 Stücke teilen, diese zu Kugeln formen, jeweils etwas flachdrücken und mit einem scharfen Messer über Kreuz einschneiden.
5. Die Brötchen auf ein mit Backpapier belegtes Blech setzen, zudecken und nochmals 20 Minuten gehen lassen. Den Backofen auf 200 °C vorheizen.
6. Das Eigelb mit 2 Teelöffeln Milch verquirlen, die Brötchen mit der Mischung bestreichen und dann mit Mohnsamen bestreuen. Auf der mittleren Einschubleiste des Ofens 20 bis 25 Minuten backen.
(auf dem Foto: unten)

Tip

Nach Belieben können Sie die Brötchen vor dem Backen auch mit Koriandersamen bestreuen.

Buchweizen-brötchen

Für ca. 12 Stück
Zubereitungszeit
ca. 45 Min.
Zeit zum Gehen
ca. 1 Std.
Backzeit
ca. 25 Min.

200 g Buchweizenbackschrot
200 g Weizenvollkornmehl
30 g frische Hefe (ca. 3/4 Würfel)
100 ml lauwarmes Wasser
1 TL flüssiger Honig
200 g saure Sahne
50 g weiche Butter
2 TL Meersalz
Weizenvollkornmehl zum Kneten

So wird's gemacht

1. Das Buchweizenbackschrot und das Weizenvollkornmehl in einer großen Schüssel vermischen. In die Mitte eine Mulde drücken. Die Hefe hineinbröckeln, lauwarmes Wasser sowie Honig hinzufügen und die Zutaten zu einem Vorteig verrühren. Diesen zugedeckt an einem warmen Ort etwa 15 Minuten gehen lassen.

2. Den Vorteig mit Schrot und Mehl verkneten. Dann saure Sahne, Butter sowie Salz dazugeben und alles zu einem glatten Teig verkneten.

3. Den Teig zur Kugel formen, aus der Schüssel nehmen und auf einer bemehlten Arbeitsfläche mit den Händen etwa 10 Minuten kräftig durchkneten, bis er nicht mehr klebt und geschmeidig ist.

4. Die Teigkugel auf den mit Mehl bestreuten Boden einer Schüssel legen, diese in einen großen Plastikbeutel schieben und mit einem Küchentuch bedecken. Den Teig bei Zimmertemperatur etwa 30 Minuten gehen lassen, bis sich sein Volumen verdoppelt hat.

5. Dann den Teig in 12 Stücke teilen, diese zu Brötchen formen und auf ein mit Backpapier belegtes Blech setzen. Zugedeckt nochmals 15 Minuten gehen lassen.

6. Inzwischen den Backofen auf 250 °C vorheizen. Die Brötchen mit Wasser bestreichen und im Ofen etwa 20 Minuten backen.

Roggenbrötchen

Für ca. 17 Stück
Zubereitungszeit
ca. 45 Min.
Zeit zum Quellen
ca. 12 Std.
Zeit zum Gehen
ca. 1 Std. 20 Min.
Backzeit
ca. 20 Min.

100 g Weizenkörner
250 g Weizenvollkornmehl
250 g Roggenmehl Type 1370
42 g frische Hefe (1 Würfel)
200 ml lauwarme Buttermilch
(z. B. von Müller)
100 g Magerquark
1 TL Salz
Mohn-, Sesamsamen,
Sonnenblumenkerne, Haferflocken
oder Kümmel zum Bestreuen

So wird's gemacht

1. Weizenkörner über Nacht in Wasser quellen und am nächsten Tag gut abtropfen lassen. Mehle in einer Schüssel vermischen, in die Mitte eine Mulde drücken. Hefe in der Buttermilch auflösen und hineingießen. Weizenkörner, Quark sowie Salz hinzufügen und alles gut verkneten.

2. Den Teig zugedeckt an einem warmen Ort 40 Minuten gehen lassen. Dann in 17 Stücke teilen, diese zu Brötchen formen und auf ein mit Backpapier belegtes Blech setzen. Nochmals 40 Minuten gehen lassen.

3. Den Backofen auf 220 ℃ vorheizen und eine feuerfeste, mit Wasser gefüllte Schale hineinstellen. Die Brötchen mit Wasser bestreichen, beliebig mit Mohn-, Sesamsamen, Sonnenblumenkernen oder Kümmel bestreuen und im Ofen etwa 20 Minuten backen.

Vierkornbrötchen

Für ca. 12 Stück
Zubereitungszeit
ca. 45 Min.
Zeit zum Gehen
ca. 45 Min.
Backzeit
ca. 30 Min.

Für den Vorteig:
500 g Weizenmehl Type 1050
42 g frische Hefe (1 Würfel)
1 TL Zucker
125 ml lauwarmes Wasser
Für den Hauptteig:
je 25 g geschälte Sonnenblumenkerne,
geschälte Kürbiskerne, Leinsamen
und geschälte Sesamsaat
150 ml lauwarme Milch
1 EL Salz
Außerdem:
Margarine für das Blech

So wird's gemacht
1. Für den Vorteig das Mehl in eine Schüssel geben. In die Mitte eine Mulde drücken. Die Hefe in eine Tasse bröckeln und darin zusammen mit dem Zucker im lauwarmem Wasser auflösen.
2. Die Mischung in die Mulde gießen und mit etwas Mehl vom Rand zu einem Vorteig rühren. Diesen zugedeckt an einem warmen Ort 15 Minuten gehen lassen.
3. Die Kerne in einer Pfanne ohne Fettzugabe anrösten. Dann etwas abkühlen lassen und mit einem Messer grob hacken.
4. Milch, Salz und die Hälfte der Kerne zum Vorteig geben. Das Ganze gut miteinander verkneten. Den Teig zugedeckt an einem warmen Ort 30 Minuten gehen lassen.
5. Den Backofen auf 200 °C vorheizen. Ein Backblech mit Margarine bestreichen. Den Teig in 12 Stücke teilen und diese in längliche Brötchen formen. Die Brötchen schräg zueinander versetzt, in Form einer Ähre,

auf das Backblech legen. Zwischen den Brötchen sollte ein Abstand von etwa 1 cm bleiben.
6. Die restliche Kernmischung auf den Brötchen verteilen und leicht andrücken. Die Brötchen auf der mittleren Einschubleiste des Ofens 25 bis 30 Minuten backen.

(auf dem Foto: oben)

Tip ▬▬▬

Zu den Brötchen paßt ein leichter Basilikum-Ricotta-Aufstrich: 200 g Ricotta (italienischer Frischkäse, ersatzweise Speisequark mit 20% Fett) mit 3 Eßlöffeln Sahne glattrühren. 2 Eßlöffel frisch gehacktes Basilikum darunterrühren und den Aufstrich mit Salz sowie mit schwarzem Pfeffer aus der Mühle würzen.

Roggenbrötchen im Teigmantel

Für ca. 12 Stück
Zubereitungszeit
ca. 1 Std.
Zeit zum Gehen
ca. 1 Std.
Backzeit
ca. 40 Min.

Für den Vorteig:
500 g Roggenmehl Type 997
52 g frische Hefe (ca. 1 1/4 Würfel)
1 EL Rübensirup
100 ml lauwarme Milch
Für den Hauptteig:
6 EL Olivenöl, 125 g saure Sahne
2 Bd. frische, gemischte Kräuter
2 Schalotten, 1/2 TL Fenchelsamen
1 TL gemahlener Koriander
1 EL Salz
Außerdem:
Mehl zum Kneten
Margarine für das Blech

So wird's gemacht
1. Das Mehl in eine Schüssel geben und in die Mitte eine Mulde drücken. Die Hefe zerbröckeln, zusammen mit dem Rübensirup und der Milch in die Mulde geben und mit etwas Mehl verrühren. Zugedeckt an einem warmen Ort etwa 15 Minuten gehen lassen.
2. Für den Hauptteig Öl sowie saure Sahne hinzufügen und das Ganze zu einem glatten Teig verkneten. Den Teig zugedeckt an einem warmen Ort 30 Minuten gehen lassen. Die Kräuter waschen, trockentupfen und sehr fein hacken. Die Schalotten schälen und fein würfeln.
3. Ein Drittel der Teigmasse abnehmen und beiseite stellen. Zum restlichen Teig Kräuter, Schalotten, Fenchelsamen, Koriander sowie Salz geben und alles gut miteinander verkneten. Den Teig so lange kneten und schlagen, bis er Blasen wirft.
4. Eine Arbeitsfläche mit Mehl bestreuen. Den Teig darauf in 12 gleich große Stücke teilen und diese zu Kugeln formen. Den beiseite gestellten Teig etwa 54 mal 18 cm groß ausrollen, dann daraus 12 gleich große Quadrate (von etwa 9 cm Kantenlänge) ausschneiden. Die Quadrate sollten so groß sein, daß sie die Kugeln vollständig ummanteln. Je eine Kugel auf ein Teigstück legen. Die Teigstücke hochklappen und nicht andrücken, so daß die Kugeln nahezu umhüllt sind. Sie dann etwas flachdrücken und jeweils mit etwas Mehl bestäuben.
5. Den Backofen auf 180 °C vorheizen. Die Brötchen nochmals 15 Minuten gehen lassen. Ein Backblech mit Margarine einstreichen und die ummantelten Teigkugeln daraufsetzen. Die Kugeln über Kreuz einritzen. Das Blech auf der mittleren Einschubleiste in den Ofen schieben und die Brötchen etwa 40 Minuten backen.

(auf dem Foto: unten)

Sesambrezeln

Für ca. 6 Stück
Zubereitungszeit
ca. 45 Min.
Zeit zum Gehen
ca. 1 Std. 15 Min.
Backzeit
ca. 20 Min.

15 g frische Hefe (ca. 1/3 Würfel)
4 EL lauwarme Milch
250 g Weizenmehl Type 405
40 g weiche Margarine
1 Ei
1/2 TL Salz
1 TL Zucker
Mehl zu Kneten
1 verquirltes Eigelb zum Bestreichen
geschälte Sesamsaat zum Bestreuen

So wird's gemacht

1. Die Hefe in eine Tasse bröckeln und darin in der lauwarmen Milch auflösen. Mehl zusammen mit Margarine, Ei, Salz und Zucker in eine Schüssel geben, die Hefemilch hinzufügen und alles mit den Knethaken eines Handrührgeräts zu einem glatten Teig verarbeiten.

2. Den Teig mit Alufolie abdecken und an einem warmen Ort etwa 1 Stunde gehen lassen. Dann auf einer bemehlten Arbeitsfläche nochmals gut durchkneten. Mit bemehlten Händen eine Rolle aus dem Teig formen und diese dann in 6 Teile schneiden.

3. Aus den einzelnen Teilen zuerst eine gleichmäßig dicke Rolle formen und diese dann jeweils zu einer Brezel schlingen.

4. Die Brezeln auf ein mit Backpapier belegtes Blech setzen und zugedeckt nochmals 15 Minuten gehen lassen. Inzwischen den Backofen auf 225 °C vorheizen.

5. Die gegangenen Brezeln mit verquirltem Eigelb bestreichen, mit Sesamsaat bestreuen und im Ofen in 15 bis 20 Minuten goldbraun backen.

Tip

Sie können Sie Brezeln auch zur Hälfte mit Mohnsamen bestreuen. Achten Sie beim Schlingen der Brezeln darauf, daß Sie die Knoten in der Mitte der Brezeln jeweils etwas zusammendrücken.

Nussige Hörnchen

Für ca. 8 Stück
Zubereitungszeit
ca. 45 Min.
Zeit zum Gehen
ca. 12 Std. 30 Min.
Backzeit
ca. 25 Min.

225 g Weizenmehl Type 550
100 g zarte Haferflocken
(z. B. von Kölln)
1/2 TL Meersalz
21 g frische Hefe (ca. 1/2 Würfel)
1 Prise Zucker
100 ml lauwarme Milch
2 Eier
3 EL weiche Margarine
3 EL gemahlene Haselnüsse
Mehl zum Kneten
gehackte Haselnüsse und
Haferflocken zum Bestreuen

So wird's gemacht

1. Mehl, Haferflocken und Salz in einer Schüssel vermischen. Hefe in eine Tasse bröckeln und darin zusammen mit dem Zucker in der Milch auflösen. Die Mischung zusammen mit Eiern, Margarine und gemahlenen Haselnüssen in die Schüssel geben.

2. Alles zu einem geschmeidigen Teig verarbeiten und diesen zugedeckt über Nacht im Kühlschrank ruhen lassen.

3. Den Teig auf einer bemehlten Arbeitsfläche dünn ausrollen, in 8 Stücke teilen und diese zu Hörnchen aufrollen. Diese auf ein mit Backpapier belegtes Blech legen, mit Wasser bestreichen und mit Haselnüssen und Haferflocken bestreuen. 30 Minuten gehen lassen.

4. Den Backofen auf 175 °C vorheizen. Die Hörnchen auf der mittleren Einschubleiste des Ofens 20 bis 25 Minuten backen.

Sesamhörnchen

Für ca. 10 Stück
Zubereitungszeit
ca. 45 Min.
Zeit zum Gehen
ca. 40 Min.
Backzeit
ca. 25 Min.

Für den Teig:

375 g Weizenmehl Type 550

1 P. Trockenhefe

1 TL Lindenblütenhonig

6 EL Distelöl

250 ml lauwarmes Wasser

je 4 EL helle und schwarze Sesamsamen

1 EL Öl, 1 TL Salz

Außerdem:

Mehl zum Kneten

Margarine für das Blech

1 Eigelb

So wird's gemacht

1. Das Mehl in eine Schüssel geben und in die Mitte eine Mulde drücken. Hefe, Honig und Distelöl in die Mulde geben, lauwarmes Wasser dazugießen und die Zutaten mit etwas Mehl vom Rand zu einem Vorteig verrühren. Diesen zugedeckt an einem warmen Ort 30 Minuten gehen lassen.
2. Jeweils 30 g helle und schwarze Sesamsamen in einer Pfanne im Öl anrösten, bis der helle Samen braun ist. Die Mischung mit Salz bestreuen, etwas abkühlen lassen und dann in einem Mörser grob zerstoßen.
3. Die Sesamsamen zum Vorteig geben und das Ganze zu einem glatten Teig verkneten. Den Teig kräftig durchkneten, bis er nicht mehr klebt und geschmeidig ist.
4. Dann zu einer Rolle formen und diese in 10 gleich große Stücke schneiden. Die Teigstücke mit einem Wellholz jeweils zu einem etwa 20 cm langen und 7 cm breiten Oval ausrollen. Jedes Oval zu einem Hörnchen formen.
5. Ein Backblech mit Margarine einstreichen. Die Hörnchen auf das Blech setzen und zugedeckt 10 Minuten gehen lassen. Inzwischen den Backofen auf 200 °C vorheizen.
6. Das Eigelb mit 1 Teelöffel Wasser verquirlen und die Hörnchen damit bestreichen. Die restlichen Sesamsamen auf den Hörnchen verteilen und leicht andrücken.
7. Die Hörnchen auf der mittleren Einschubleiste des Ofens 20 bis 25 Minuten backen. Lauwarm servieren.

(auf dem Foto: oben)

Tip

Servieren Sie die Sesamhörnchen zu einer selbstgemachten Heidelbeerkonfitüre. Hierfür 600 g Heidelbeeren (frisch oder TK-Ware) in einem Topf zusammen mit 200 ml trockenem Rotwein, 1 Messerspitze Zimtpulver und 500 g Gelierzucker unter Rühren langsam erhitzen. Die Masse unter ständigem Rühren etwa 10 Minuten köcheln lassen. Dann in luftdicht verschließbare Gläser füllen und diese sofort verschließen. Die Menge ergibt etwa 6 Gläser.

Vollkorncroissants

Für ca. 12 Stück
Zubereitungszeit
ca. 45 Min.
Zeit zum Gehen
ca. 55 Min.
Backzeit
ca. 25 Min.

Für den Vorteig:

350 g Weizenvollkornmehl

50 g Hirsemehl

50 g Buchweizenmehl

42 g frische Hefe (1 Würfel)

100 ml lauwarme Milch

2 EL Lindenblütenhonig

Für den Hauptteig:

80 g weiche Butter

250 g Sahnequark (40% Fett)

1 Prise Salz

Außerdem:

Mehl zum Kneten

Margarine für das Blech, 2 EL Butter

So wird's gemacht

1. Die drei Mehlsorten in einer Schüssel vermischen und in die Mitte eine Mulde drücken. Die Hefe zerbröckeln und zusammen mit dem Honig in die Mulde geben. Die lauwarme Milch dazugießen und die Zutaten mit etwas Mehl vom Rand zu einem Vorteig verrühren. Diesen zugedeckt an einem warmen Ort 15 Minuten gehen lassen.
2. Butter, Quark und Salz zum Vorteig geben und alles sehr gut miteinander verkneten. Den Teig zur Kugel formen, aus der Schüssel nehmen und auf einer bemehlten Arbeitsfläche mit den Händen etwa 10 Minuten kräftig durchkneten, bis er nicht mehr klebt und geschmeidig ist. Dann zugedeckt 30 Minuten gehen lassen.
3. Die Arbeitsfläche erneut mit Mehl bestreuen und den Teig darauf etwa 1 cm dick ausrollen. Aus dem Teig mit einem scharfen Messer 12 Dreiecke von 12 bis 15 cm Kantenlänge schneiden. Diese zusammenrollen und zu Hörnchen formen.
4. Ein Backblech mit Margarine einstreichen. Backofen auf 180 °C vorheizen. Die Hörnchen auf das Blech legen und zugedeckt nochmals 10 Minuten gehen lassen.
5. Die Butter zerlassen und die Hörnchen damit bestreichen. Das Blech auf der mittleren Einschubleiste in den Ofen schieben und die Hörnchen 20 bis 25 Minuten backen. Noch warm vom Blech nehmen und auf einem Kuchengitter abkühlen lassen. Die Croissants möglichst frisch servieren.

(auf dem Foto: unten)

Knusprige Mischbrötchen

Für ca. 18 Stück
Zubereitungszeit
ca. 35 Min.
Zeit zum Gehen
ca. 1 Std.
Backzeit
ca. 40 Min.

200 g Roggenmehl Type 815
300 g Weizenmehl Type 405
2 TL Salz
42 g frische Hefe (1 Würfel)
1 TL Zucker
300 ml lauwarmes Wasser
1 TL gemahlener Koriander
Mehl zum Kneten

So wird's gemacht

1. Die zwei Mehlsorten und das Salz in einer Schüssel vermischen. In die Mitte eine Mulde drücken. Die Hefe zerbröckeln und zusammen mit dem Zucker in die Mulde geben. Das lauwarme Wasser dazugießen und die Zutaten mit etwas Mehl vom Rand zu einem Vorteig verrühren. Diesen zugedeckt an einem warmen Ort etwa 15 Minuten gehen lassen.

2. Den Koriander zum Vorteig geben und alles sehr gut miteinander verkneten. Den Teig zur Kugel formen, aus der Schüssel nehmen und auf einer bemehlten Arbeitsfläche mit den Händen 10 bis 15 Minuten kräftig durchkneten, bis er nicht mehr klebt und geschmeidig ist.

3. Die Teigkugel auf den mit Mehl bestreuten Boden einer Schüssel legen, diese in einen großen Plastikbeutel schieben und mit einem Küchentuch bedecken. Den Teig bei Zimmertemperatur etwa 30 Minuten gehen lassen, bis sich sein Volumen verdoppelt hat.

4. Dann den Teig in 18 Stücke teilen, diese zu Brötchen formen und auf ein mit Backpapier belegtes Blech setzen. Zugedeckt nochmals 15 Minuten gehen lassen.

5. Inzwischen den Backofen auf 220 °C vorheizen. Eine feuerfeste, mit kochendem Wasser gefüllte Schale hineinstellen. Die Brötchen mit warmem Wasser bestreichen, dünn mit Mehl bestäuben und in der Mitte etwa 1 cm tief einschneiden. Im Ofen etwa 30 Minuten backen. Dann die Hitze auf 200 °C reduzieren und die Brötchen in etwa 10 Minuten fertigbacken.

Griebenschmalz-brötchen

Für ca. 35 Stück
Zubereitungszeit
ca. 40 Min.
Zeit zum Gehen
ca. 1 Std.
Backzeit
ca. 20 Min.

500 g Weizenmehl Type 405
21 g frische Hefe (ca. 1/2 Würfel)
250 ml lauwarme Milch
1 Ei
150 g Griebenschmalz
1 TL Salz
1 TL schwarzer Pfeffer aus der Mühle
Mehl zum Kneten
1 verquirltes Ei
Steinsalz und Kümmel zum Bestreuen

So wird's gemacht

1. Das Mehl in eine Schüssel geben und in die Mitte eine Mulde drücken. Die Hefe zerbröckeln und in die Mulde geben. Die lauwarme Milch dazugießen und die Zutaten mit etwas Mehl vom Rand zu einem Vorteig verrühren. Diesen zugedeckt an einem warmen Ort 15 Minuten gehen lassen.

2. Ei, Griebenschmalz, Salz sowie Pfeffer zum Vorteig geben und alles sehr gut miteinander verkneten. Den Teig auf einer bemehlten Arbeitsfläche ausrollen und zweimal übereinanderlegen.

3. Auf einen mit Mehl bestreuten Teller legen, diesen in einen großen Plastikbeutel schieben und mit einem Küchentuch bedecken. Den Teig bei Zimmertemperatur etwa 30 Minuten gehen lassen.

4. Den Teig erneut etwa 1 cm dick ausrollen und mit einem Glas runde Plätzchen (ca. 6 cm Ø) ausstechen. dabei den Glasrand zwischendurch in Mehl tauchen, damit kein Teig am Glas haften bleibt.

5. Die Plätzchen auf ein mit Backpapier belegtes Blech setzen und mit verquirltem Ei bestreichen. Offen an einem warmen Ort nochmals 15 Minuten gehen lassen.

6. Inzwischen den Backofen auf 220 °C vorheizen. Eine feuerfeste, mit kochendem Wasser gefüllte Schale hineinstellen. Die Brötchen nochmals mit Ei bestreichen und mit Steinsalz sowie Kümmel bestreuen. Im Ofen 15 bis 20 Minuten backen.

Herzhafte Fladenbrote

Für ca. 12 Stück
Zubereitungszeit
ca. 45 Min.
Zeit zum Gehen
ca. 1 Std. 30 Min.
Backzeit
ca. 25 Min.

800 g Weizenmehl Type 405
42 g frische Hefe (1 Würfel)
400 ml warmes Wasser
2 TL Salz
2 EL Olivenöl
2 TL Zucker
150 g Frischkäse mit Kräutern
(z.B. von Bresso)
Mehl zum Kneten
Sesamsamen, getrocknete Kräuter
der Provence oder Paprikapulver
zum Bestreuen

So wird's gemacht
1. Das Mehl in eine Schüssel sieben und in die Mitte eine Mulde drücken. Dann die Hefe in 50 ml warmem Wasser verrühren und in die Mulde gießen. Etwas Mehl darüberstäuben und den Vorteig zugedeckt an einem warmen Ort 15 Minuten gehen lassen.
2. Restliches warmes Wasser, Salz, Olivenöl, Zucker und Frischkäse zum Vorteig geben. Alles zu einem glatten Teig verkneten und diesen zugedeckt etwa 1 Stunde an einem warmen Ort gehen lassen.
3. Den Teig auf einer bemehlten Arbeitsfläche nochmals gut durchkneten, dann in 12 gleich große Portionen teilen und diese jeweils zu einem etwa 1/2 cm dicken Fladen ausrollen.
4. Diese auf ein mit Backpapier belegtes Blech setzen, leicht mit gesalzenem Wasser bestreichen und mit Sesamsamen, Kräuter der Provençe oder Paprikapulver bestreuen.
5. Den Backofen auf 200 °C vorheizen. Die Fladen mit einem scharfen Messer rhombenförmig leicht einschneiden und dann zugedeckt nochmals 15 Minuten gehen lassen.
6. Die Fladen auf der mittleren Einschubleiste des Ofens in 20 bis 25 Minuten knusprig backen.

Tip

Fladenbrote schmecken hervorragend zu kalten Vorspeisen und zu saucenhaltigen Gerichten. Sie lassen sich gut einfrieren, nach dem Auftauen sollten Sie sie nochmals kurz in den heißen Backofen schieben, damit sie schön knusprig werden.

Vollkorn-Käse-Fladen

Für ca. 4 Stück
Zubereitungszeit
ca. 30 Min.
Zeit zum Gehen
ca. 40 Min.
Backzeit
ca. 15 Min.

200 g Weizenvollkornmehl
15 g frische Hefe (ca. 1/3 Würfel)
1 Prise Zucker
100 ml lauwarmes Wasser
150 g in Öl eingelegter Schafskäse
(z. B. von Patros)
1/2 TL Salz
getrockneter Thymian zum Bestreuen

So wird's gemacht

1. Das Mehl in eine Schüssel geben und in die Mitte eine Mulde drücken. Die Hefe und den Zucker in 50 ml lauwarmem Wasser verrühren und hineingießen. Etwas Mehl darüberstäuben und den Vorteig zugedeckt an einem warmen Ort 10 Minuten gehen lassen.

2. Schafskäse abtropfen lassen und dabei 40 ml Öl auffangen. Restliches Wasser, Öl, Salz, und kleingehackten Käse zum Vorteig geben. Alles zu einem glatten Teig verkneten und diesen zugedeckt etwa 20 Minuten gehen lassen.

3. Den Teig durchkneten, in 6 Portionen teilen und diese jeweils zu einem kleinen Fladen ausrollen. Diese auf ein mit Backpapier belegtes Blech setzen, leicht mit gesalzenem Wasser bestreichen und mit Thymian bestreuen. Nochmals 10 Minuten gehen lassen.

4. Den Backofen auf 200 °C vorheizen. Die Fladen im Ofen etwa 15 Minuten backen.

Englische Muffins

Für ca. 8 Stück
Zubereitungszeit
ca. 30 Min.
Zeit zum Gehen
ca. 1 Std.
Backzeit
ca. 20 Min.

250 g Weizenvollkornmehl
21 g frische Hefe (ca. 1/2 Würfel)
1 EL Zucker
200 ml warmes Wasser
2–3 EL flüssige Butter oder Margarine
1 Ei
150 g Magerquark
1 Prise Meersalz
1 EL Speisestärke
75 g geschälte Sonnenblumenkerne
(z. B. USA-Sonnenblumenkerne)
Margarine für das Blech

So wird's gemacht

1. Das Mehl in eine Schüssel geben, in die Mitte eine Mulde drücken. Die Hefe hineinbröckeln, den Zucker dazugeben und die Hälfte des warmen Wassers dazugießen. Die Hefe und den Zucker unter vorsichtigem Rühren im Wasser auflösen. Diesen Vorteig zugedeckt an einem warmen Ort 15 Minuten gehen lassen.

2. Restliches Wasser, Butter oder Margarine, Ei, Quark und Salz hinzugeben und alles gut miteinander verkneten. Den Teig mit den Händen gründlich durchkneten. Zugedeckt an einem warmen Ort 30 Minuten gehen lassen.

3. Den Teig erneut gut durchkneten, ihn zur Kugel formen und diese achteln (pro Stück etwa 60 g). Jedes Teigstück zu einem runden oder ovalen Brötchen formen.

4. Ein Blech mit kaltem Wasser abspülen, die Brötchen daraufsetzen und sie nochmals zugedeckt 15 Minuten gehen lassen. Inzwischen den Backofen auf 200 °C vorheizen.

5. Die Speisestärke mit 5 Eßlöffeln warmem Wasser glattrühren. Die Oberfläche der Brötchen mit der Mischung bestreichen und mit Sonnenblumenkernen bestreuen. Die Brötchen auf der mittleren Einschubleiste des Backofens etwa 20 Minuten backen.

Tip

Nach Belieben können Sie noch 100 g Rosinen unter den Teig kneten.

Olivenfladen

Für ca. 16 Stück
Zubereitungszeit
ca. 30 Min.
Zeit zum Gehen
ca. 45 Min.
Backzeit
ca. 35 Min.

125 g geschälte Sonnenblumenkerne
(z. B. USA-Sonnenblumenkerne)
250 g Weizenvollkornmehl
50 g Roggenvollkornmehl
125 g saure Sahne
125 ml lauwarmes Wasser
21 g frische Hefe (ca. 1/2 Würfel)
1 TL Meersalz
1/2 TL getrockneter Oregano
Mehl zum Kneten
100 g schwarze Oliven
Butter für das Blech
Sonnenblumenkerne
zum Bestreuen

So wird's gemacht

1. Die Sonnenblumenkerne in einer Pfanne ohne Fettzugabe anrösten und dann abkühlen lassen. Die beiden Mehlsorten in einer Schüssel vermischen und in die Mitte eine Mulde drücken.
2. Die saure Sahne in einem kleinen Topf vorsichtig erwärmen, das lauwarme Wasser dazugeben, die Hefe dazubröckeln und unter Rühren in der Flüssigkeit auflösen. Die Mischung in die Mulde gießen, das Salz an den Schüsselrand streuen und den Oregano hinzufügen.
3. Das Ganze mit den Knethaken eines Handrührgeräts gründlich verkneten. Dann den Teig auf einer bemehlten Arbeitsfläche mit beiden Händen gute 10 Minuten kneten.
4. Zur Kugel formen, auf den mit Mehl bestreuten Boden einer Schüssel legen, diese in einen großen Plastikbeutel schieben und mit einem Küchentuch bedecken. Den Teig bei Zimmertemperatur etwa 45 Minuten gehen lassen, bis sich sein Volumen verdoppelt hat.
5. Die Oliven entkernen und in feine Streifen schneiden. Zusammen mit den gerösteten Sonnenblumenkernen unter den Teig kneten. Ein Backblech mit Butter einstreichen. Den Backofen auf 225 °C vorheizen.
6. Vom Teig mit einem nassen Eßlöffel 16 gleich große Teigstücke abstechen. Diese jeweils mit angefeuchteten Händen zu flachen Fladen formen. Die Fladen auf das Blech setzen, mit Sonnenblumenkernen bestreuen und im Ofen 30 bis 35 Minuten backen.

Pikantes Gebäck und Pasteten

Es lohnt sich allemal, diese Leckereien selber zu machen, denn sie sind in deutschen Bäckereien nur schwer zu finden. Außerdem können Sie Ihre Phantasie spielen lassen oder auch Käsereste verarbeiten. Ein originelles, pikantes Gebäck krönt jedes Büfett, von fein gefüllten Pasteten ganz zu schweigen. Köstliche Pasteten eignen sich gut als Vorspeise. Pikantes Gebäck ist ideal für ein Weinfest oder für einen Herrenabend, der mit Kartenspielen gestaltet wird. Dabei dürften die im folgenden Kapitel vorgestellten "Häppchen" den Damen ebenfalls munden!

Vollkornkäsetaler

Für ca. 25 Stück
Zubereitungszeit
ca. 45 Min.
Zeit zum Ruhen
ca. 2 Std.
Backzeit
ca. 20 Min.

150 g Weizenvollkornmehl
50 g fein gemahlenes Weizenschrot
1/2 P. Backpulver
60 g kalte Butterflöckchen
65 g frisch geriebener Emmentaler
3 EL Milch
je 1 Msp. Salz, schwarzer Pfeffer
aus der Mühle, geriebene Muskatnuß
und edelsüßes Paprikapulver
Mehl zum Kneten
Margarine für das Blech
1 Eigelb
Leinsamen, Mohn- und Sesamsamen
zum Bestreuen

So wird's gemacht

1. Die beiden Mehlsorten und das Backpulver in einer Schüssel vermischen. Butterflöckchen, Käse, 2 Eßlöffel Milch, Salz und Gewürze hinzufügen.
2. Das Ganze mit den Knethaken eines Handrührgeräts rasch zu einem geschmeidigen Teig verkneten. Diesen zur Kugel formen, in Alufolie einwickeln und für 2 Stunden im Kühlschrank ruhen lassen.
3. Den Teig auf einer bemehlten Arbeitsfläche etwa 1 cm dick ausrollen. Mit einem Glas runde Taler von 3 bis 4 cm Ø ausstechen. Den Backofen auf 180 °C vorheizen. Ein Backblech mit Margarine bestreichen und mit Mehl bestäuben.
4. Die Taler auf das Blech legen. Das Eigelb mit der restlichen Milch verquirlen und die Taler damit bestreichen. Mit Leinsamen, Mohn- und Sesamsamen bestreuen.
5. Die Taler auf der mittleren Einschubleiste des Ofens etwa 20 Minuten backen. Dabei die Backofentür während des Backens auf keinen Fall öffnen. Die Taler auf einem Gitterrost abkühlen lassen.

Tip

Je nach Geschmack können Sie anstelle des Emmentalers auch andere Käsesorten verwenden. Zum Beispiel mittelalten Gouda, Greyerzer, Pecorino, Appenzeller oder andere.

Hafer-Käse-Brötchen

Für ca. 15 Stück
Zubereitungszeit
ca. 45 Min.
Zeit zum Gehen
ca. 1 Std.
Backzeit
ca. 25 Min.

125 g kernige Haferflocken
(z. B. von Kölln)
375 g Weizenmehl Type 550
21 g Hefe (ca. $^1/_2$ Würfel)
1 Msp. Zucker
250 ml lauwarme Milch
1 TL Salz
75 g frisch geriebener Emmentaler
Margarine für das Blech
Milch zum Bestreichen
Haferflocken zum Bestreuen

So wird's gemacht

1. Die Haferflocken und das Mehl in einer Schüssel vermischen, in die Mitte eine Mulde drücken. Die Hefe hineinbröckeln, Zucker sowie Milch hinzufügen und die Zutaten mit etwas Mehl vom Rand zu einem Vorteig verrühren. Diesen zugedeckt an einem warmen Ort 30 Minuten gehen lassen.

2. Das Salz und den Käse dazugeben und alles zu einem glatten Teig verkneten. Den Teig zur Rolle formen, von dieser etwa 15, jeweils 100 g schwere Stücke abschneiden. Die Stücke zu Brötchen formen und diese auf ein gefettetes Blech setzen. Mit Milch bestreichen und zugedeckt an einem warmen Ort 25 bis 30 Minuten gehen lassen.

3. Den Backofen auf 240 °C vorheizen. Die Brötchen über Kreuz einschneiden, nochmals mit Milch bestreichen, mit Haferflocken bestreuen und 20 bis 25 Minuten backen.

Minifladen

Für ca. 8 Stück
Zubereitungszeit
ca. 30 Min.
Zeit zum Ruhen
ca. 35 Min.
Backzeit
ca. 15 Min.

2 Zwiebeln
1 EL Butter
250 g Weizenmehl Type 405
3 EL Olivenöl
1 TL Salz
Margarine für das Blech

So wird's gemacht
1. Die Zwiebeln schälen und fein hacken. Die Butter in einer Pfanne erhitzen und die Zwiebeln darin goldgelb dünsten. Dann abkühlen lassen.
2. Ein Backblech mit Margarine einstreichen. Den Backofen auf 250 ℃ vorheizen.
3. Das Mehl in eine Schüssel geben. 250 ml Wasser, das Öl und das Salz hinzufügen und das Ganze mit den Knethaken eines Handrührgeräts zu einem glatten Teig verarbeiten. Wenn der Teig zu fest wird, etwas Wasser hinzufügen.
4. Den Teig 30 Minuten ruhen lassen. Dann die Zwiebelwürfel mitsamt dem Bratfett unterarbeiten und den Teig 5 Minuten ruhen lassen.
5. Den Teig mit einer Schöpfkelle in 8 Portionen auf das Blech geben. Die Fladen im Ofen in etwa 15 Minuten knusprig backen.

(auf dem Foto: oben)

Kräuterhörnchen

Für ca. 12 Stück
Zubereitungszeit
ca. 45 Min.
Zeit zum Gehen
ca. 35 Min.
Backzeit
ca. 20 Min.

375 g Weizenmehl Type 405
42 g frische Hefe (1 Würfel)
1 TL flüssiger Honig
200 ml lauwarmes Wasser
2 mittelgroße Zwiebeln
4 EL weiche Kräuterbutter
1 Bd. feingehackte Petersilie
1 Msp. Salz, 1 Msp. weißer Pfeffer
Mehl zum Kneten
Margarine für das Blech
1 Eigelb zum Bestreichen

So wird's gemacht
1. Das Mehl in eine Schüssel geben und in die Mitte eine Mulde drücken. Hefe hineinbröckeln, den Honig dazugeben, das lauwarme Wasser dazugießen und das Ganze zu einem glatten Teig verkneten. Diesen zugedeckt an einem warmen Ort 30 Minuten gehen lassen.
2. Die Zwiebeln schälen, fein hacken und in der Hälfte der Kräuterbutter glasig dünsten. Petersilie sowie restliche Kräuterbutter dazugeben und die Füllung mit Salz und Pfeffer würzen.
3. Den Teig zu einem Rechteck ausrollen, längs halbieren und aus jeder Hälfte 8 Dreiecke ausschneiden. Jeweils in die Mitte jedes Dreiecks etwas Füllung geben und das Ganze zu einem Hörnchen formen. Diese auf ein gefettetes Blech legen und zugedeckt 5 Minuten gehen lassen.
4. Den Backofen auf 250 ℃ vorheizen. Das Eigelb mit 1 Eßlöffel Wasser verquirlen, die Hörnchen damit bestreichen und dann im Ofen etwa 20 Minuten backen.

(auf dem Foto: Mitte)

Fenchelfladen

Für ca. 8 Stück
Zubereitungszeit
ca. 30 Min.
Zeit zum Gehen
ca. 1 Std. 15 Min.
Backzeit
ca. 40 Min.

700 g Roggenbackschrot Type 1800
300 g Weizenbackschrot Type 1700
63 g frische Hefe (ca. 1 1/2 Würfel)
375 ml lauwarmes Wasser
1 EL Salz
1 1/2 EL gemahlene Fenchelsamen
Margarine für das Blech
Mehl zum Kneten

So wird's gemacht
1. Beide Mehlsorten in einer Schüssel vermischen, in die Mitte eine Mulde drücken. Die Hefe hineinbröckeln, 100 ml lauwarmes Wasser dazugießen und diese Zutaten mit etwas Mehl vom Rand zu einem Vorteig verrühren. Diesen zugedeckt an einem warmen Ort 15 Minuten gehen lassen.
2. Restliches Wasser, Salz sowie Fenchelsamen zum Vorteig geben und alles sehr gut verkneten, bis sich der Teig vom Schüsselrand löst. Zugedeckt an einem warmen Ort 40 Minuten gehen lassen.
3. Ein Backblech einfetten. Den Teig auf bemehlter Arbeitsfläche kräftig durchkneten. Dann in 8 Portionen teilen und jede Portion zu einem etwa 2 cm dicken Fladen ausrollen. Die Fladen auf das Blech legen, mit Mehl bestäuben und mit einem Holzspießchen mehrmals einstechen. 20 Minuten gehen lassen.
4. Inzwischen den Ofen auf 220 ℃ vorheizen. Die Fladen 35 bis 40 Minuten backen.

(auf dem Foto: unten)

Herzhafte Teigtaschen

Für ca. 8 Stück
Zubereitungszeit
ca. 45 Min.
Backzeit
ca. 15 Min.

250 g Weizenmehl Type 405
1 P. Backpulver
1/2 TL Salz
3 EL Sojaöl
125 g Magerquark
1 Ei , 1 Eiweiß
50 g durchwachsener Räucherspeck
1/2 rote Paprikaschote
400 g Sauerkraut (aus der Dose)
2 EL gehackte, glatte Petersilie
weißer Pfeffer aus der Mühle
Mehl zum Kneten
1 Eigelb
Öl für das Blech

So wird's gemacht

1. Das Mehl auf ein Backbrett sieben und in die Mitte eine Mulde drücken. Das Backpulver und das Salz auf den Rand streuen. Sojaöl, Quark, Ei und Eiweiß in die Mulde geben.
2. Die Zutaten in der Mitte mit etwas Mehl vom Rand vermengen und dann nach und nach das gesamte Mehl mit beiden Händen einarbeiten. Das Ganze so lange kneten, bis ein glatter Teig entsteht. Diesen mit einem Küchentuch bedecken und kurz ruhen lassen.
3. Für die Füllung den Speck in kleine Würfel schneiden. Die Paprikaschote putzen, waschen und würfeln. Das Sauerkraut abtropfen lassen, kleinschneiden, in eine Schüssel geben und darin mit Speck, Paprikaschote und Petersilie vermischen. Die Füllung mit Salz und Pfeffer würzen.
4. Eine Arbeitsfläche mit Mehl bestreuen und den Teig darauf 2 bis 3 mm dick ausrollen. 8 Kreise (15 cm Ø) ausstechen. Das Eigelb mit 1 Teelöffel Wasser verquirlen und die Teigränder damit bestreichen. Auf jeden Kreis in die Mitte etwas Füllung geben, ihn dann zusammenklappen und die Ränder mit einer Gabel leicht zusammendrücken.
5. Den Backofen auf 200 °C vorheizen. Ein Backblech dünn mit Öl bestreichen. Die Teigtaschen auf das Blech setzen und dann an der offenen Seite nochmals mit Eigelb bepinseln. Im Ofen etwa 15 Minuten backen. Lauwarm servieren.

Pikante Windbeutel

Für ca. 40 Stück
Zubereitungszeit
ca. 45 Min.
Backzeit
ca. 20 Min.

60 ml Sojaöl
1 Prise Salz
200 g Weizenmehl Type 405
4 Eier, 1/2 P. Backpulver
1,2 kg Doppelrahmfrischkäse
300 ml Milch
3 EL gehackte Petersilie
1 EL gehackter Dill
1 EL Schnittlauchröllchen
2–3 TL Currypulver
etwas Zitronensaft
3 durchgepreßte Knoblauchzehen
weißer Pfeffer aus der Mühle
Pfeffergürkchen, Oliven, Petersilien-zweige und rote Pfefferschoten
zum Garnieren

So wird's gemacht

1. Den Backofen auf 200 °C vorheizen und eine feuerfeste, mit Wasser gefüllte Schale hineinstellen. Das Sojaöl zusammen mit 250 ml Wasser und etwas Salz in einem Topf zum Kochen bringen. Den Topf vom Herd nehmen, das Mehl hinzufügen und das Ganze mit einem Holzkochlöffel zu einem glatten Kloß rühren.

2. Dann bei milder Hitze 1 Minute rühren, bis sich der Kloß vom Topfboden löst. In eine Schüssel geben und die Eier einzeln einarbeiten. Das Backpulver unterrühren.

2. Ein Blech mit Backpapier belegen. Den Teig in einen Spritzbeutel mit kleiner Sterntülle füllen und etwa 40 kleine Rosetten auf das Blech spritzen.

3. Die Windbeutel im Ofen etwa 20 Minuten backen. Dabei sollte die Backofentür frühestens 5 Minuten vor Ende der Backzeit geöffnet werden, keinesfalls vorher. Dann von jedem Windbeutel mit einer Küchenschere einen Deckel abschneiden und das Gebäck abkühlen lassen.

4. Für die Füllung den Doppelrahmfrischkäse mit der Milch in einer Schüssel verrühren. Die Masse dritteln. Je ein Drittel mit Kräutern, Currypulver sowie Zitronensaft und Knoblauch vermischen. Alle drei Füllungen salzen und pfeffern.

5. Die Füllungen einzeln in einen Spritzbeutel füllen und jeweils in ein Drittel der Windbeutel spritzen. Alle Deckel wieder aufsetzen und jeweils mit einem Tupfer Füllung garnieren. Mit Pfeffergürkchen, Oliven, Petersilienzweigen und roten Pfefferschoten dekorieren.

Salzstangen

Für ca. 12 Stück
Zubereitungszeit
ca. 45 Min.
Zeit zum Gehen
ca. 1 Std. 15 Min.
Backzeit
ca. 25 Min.

400 g Weizenmehl Type 550
50 g Weizenvollkornmehl
42 g frische Hefe (1 Würfel)
1 Prise Zucker
500 ml lauwarme Buttermilch
(z. B. von MÜLLER)
1 TL Salz
Mehl zum Kneten
Margarine für das Blech
1 Eigelb
2 EL Milch
Steinsalz zum Bestreuen

So wird's gemacht
1. Die beiden Mehlsorten in einer Schüssel vermischen und in die Mitte eine Mulde drücken. Die Hefe in eine Tasse bröckeln und darin in einigen Eßlöffeln lauwarmer Buttermilch auflösen.
2. Den Zucker unter die Mischung rühren und diese in die Mulde gießen. Mit etwas Mehl vom Rand zu einem Vorteig verrühren und diesen zugedeckt an einem warmen Ort 15 Minuten gehen lassen.
3. Restliche Buttermilch und Salz zum Vorteig geben und das Ganze mit den Knethaken eines Handrührgeräts zu einem glatten Teig verkneten. Den Teig zur Kugel formen.
4. Die Teigkugel auf den mit Mehl bestreuten Boden einer Schüssel legen, diese in einen großen Plastikbeutel schieben und mit einem Küchentuch bedecken. Den Teig bei Zimmertemperatur etwa 30 Minuten gehen lassen, bis sich sein Volumen verdoppelt hat.
5. Eine Arbeitsfläche mit Mehl bestreuen und den Teig darauf nochmals kräftig durchkneten. Dann zu einem Rechteck ausrollen und aus diesem 12 gleich große Quadrate mit etwa 13 cm Kantenlänge ausschneiden. Jedes Quadrat von einer Ecke aus zu einer Teigstange aufrollen.
6. Ein Backblech dünn mit Margarine bestreichen. Die Teigstangen mit dem Teigschluß nach oben auf das Blech setzen und zugedeckt an einem warmen Ort nochmals 30 Minuten gehen lassen.
7. Den Backofen auf 200 ℃ vorheizen und eine feuerfeste, mit Wasser gefüllte Schale hineinstellen. Das Eigelb mit der Milch verquirlen und die Teigstangen mit der Mischung bestreichen. Das Gebäck mit Steinsalz bestreuen und dieses leicht andrücken.
8. Die Salzstangen auf der mittleren Einschubleiste des Backofens etwa 10 Minuten backen. Dann die Wasserschale aus dem Backofen nehmen und die Temperatur auf 180 ℃ reduzieren. Die Salzstangen nochmals 10 Minuten backen. Den Ofen ausschalten und die Stangen noch etwa 5 Minuten im warmen Backofen ruhen lassen.

(auf dem Foto: links)

Variation ▨▨▨▨▨▨▨▨

Auf ähnliche Weise können Sie Kümmelstangen herstellen. Nehmen Sie hierfür eine andere Mehlmischung, nämlich 200 g Weizenvollkornmehl und 200 g Weizenmehl Type 405. Die Mehle, wie nebenstehend beschrieben, zusammen mit den übrigen Zutaten zu einem glatten Teig verarbeiten und aus diesem 12 bis 16 Teigstangen herstellen. Die Stangen mit verquirltem Eigelb bestreichen und dann mit Kümmelsamen und grobem Salz bzw. Steinsalz bestreuen.

Mohnhörnchen

Für ca. 12 Stück
Zubereitungszeit
ca. 45 Min.
Zeit zum Gehen
ca. 1 Std. 15 Min.
Backzeit
ca. 30 Min.

400 g Weizenmehl Type 550
50 g Weizenvollkornmehl
42 g frische Hefe (1 Würfel)
1 Prise Zucker
500 ml lauwarme Buttermilch
(z. B. von MÜLLER)
1 TL Salz, Mehl zum Kneten
Margarine für das Blech
1 Eigelb, 2 EL Milch
Mohnsamen zum Bestreuen

So wird's gemacht
1. Die Mehle in einer Schüssel vermischen und in die Mitte eine Mulde drücken. Hefe und Zucker in einigen Eßlöffeln Buttermilch auflösen. Die Mischung in die Mulde gießen. Mit etwas Mehl vom Rand zu einem Vorteig verrühren. 15 Minuten gehen lassen.
2. Restliche Buttermilch und Salz dazugeben und alles zu einem glatten Teig verkneten. Zugedeckt 30 Minuten gehen lassen.
3. Den Teig zu einem Rechteck ausrollen und aus diesem 12 gleich große Quadrate mit etwa 13 cm Kantenlänge ausschneiden. Jedes Quadrat von einer Ecke aus zu einer Teigstange aufrollen.
4. Ein Backblech einfetten. Die Teigstangen auf das Blech setzen, dabei die Enden jeweils leicht einbiegen, so daß Hörnchen entstehen. Zugedeckt 30 Minuten gehen lassen. Den Backofen auf 180 ℃ vorheizen. Das Eigelb mit der Milch verquirlen und die Teigstangen damit bestreichen. Mit Mohnsamen bestreuen und im Ofen etwa 30 Minuten backen.

(auf dem Foto: rechts)

Roqueforttörtchen

Für ca. 12 Stück
Zubereitungszeit
ca. 1 Std.
Zeit zum Ruhen
ca. 2 Std. 30 Min.
Backzeit
ca. 15 Min.

Für den Teig:

220 g Weizenmehl Type 405
100 ml eiskaltes Wasser
220 g kalte Butter, 1 TL Salz
Mehl zum Ausrollen

Für die Füllung:

200 g Roquefort (Edelpilzkäse)
4 frische Eier
100 g Crème fraîche
schwarzer Pfeffer aus der Mühle

So wird's gemacht

1. Aus den Teigzutaten, wie im Grundrezept auf Seite 24 beschrieben, einen Blätterteig herstellen. Den Teig 4 bis 5 mm dick ausrollen. 12 Torteletteförmchen (10 cm Ø) mit kaltem Wasser ausspülen.
2. Die Teigplatte in 12 Portionen schneiden, die in etwa so groß wie die Förmchen sein sollten. Jede Form mit Blätterteig auskleiden.
3. Den Backofen auf 220 °C vorheizen. Den Roquefort in einer Schüssel mit einer Gabel fein zerdrücken. Die Eier und die Crème fraîche hinzufügen und das Ganze verrühren. Die Masse mit Salz und Pfeffer würzen.
4. Die Käsemasse auf die ausgekleideten Förmchen verteilen und diese auf ein Backblech stellen. Die Käsetörtchen im Ofen in etwa 15 Minuten goldbraun backen.

Tip

Servieren Sie die Roqueforttörtchen als Vorspeise zusammen mit einem herben Aperitif. Beispielsweise mit einem Campari-Sekt-Drink. Hierfür pro Person 2 cl Campari in ein hohes Glas geben und mit 6 cl gut gekühltem Sekt oder Champagner auffüllen.

Variation

Sie können die Füllung mit Gemüse und Kräutern anreichern. Beispielsweise mit 2 in feine Röllchen geschnittenen Stangen Lauch und je 1 Eßlöffel feingehacktem Basilikum und feingehackter Petersilie. Die Törtchen schmecken noch saftiger, wenn Sie jede Füllung vor dem Backen mit einer dicken Tomatenscheibe bedecken.

Schweinsöhrchen

Für ca. 20 Stück
Zubereitungszeit
ca. 1 Std. 30 Min.
Zeit zum Ruhen
ca. 2 Std. 45 Min.
Backzeit
ca. 10 Min.

Für den Teig:

220 g Weizenmehl Type 405
100 ml eiskaltes Wasser
220 g kalte Butter
1 TL Salz
Mehl zum Ausrollen

Außerdem:

50 g frisch geriebener Parmesan
weißer Pfeffer aus der Mühle

Zum Garnieren:

120 g weiße Spargelköpfe
(aus dem Glas)
20 Scheiben Lachsschinken
ohne Fettrand

2 EL Mayonnaise (z. B. von Thomy)
10 Cocktailtomaten
3 EL gehackte Kresse

So wird's gemacht

1. Aus den Teigzutaten, wie im Grundrezept auf Seite 24 beschrieben, einen Blätterteig herstellen. Von der Teigmenge 300 g abnehmen, den Rest einfrieren. Den Teig auf bemehlter Arbeitsfläche zu einem großen Rechteck ausrollen.

2. Den Parmesan gleichmäßig auf der Teigplatte verteilen und leicht andrücken. Den Pfeffer darübermahlen. Die beiden Schmalseiten der Teigplatte zur Mitte hin einschlagen, dabei zwischen beiden etwas Zwischenraum lassen. Beide Seiten nochmals zur Mitte hin einschlagen, so daß sie zusammentreffen und eine Rolle entsteht.

3. Den Backofen auf 225 ℃ vorheizen. Ein Backblech mit kaltem Wasser abspülen. Die gefüllte Teigrolle in 20, etwa 1 cm breite Scheiben schneiden. Diese auf das Blech legen und 15 Minuten ruhen lassen. Dann die Schweinsöhrchen im Ofen in etwa 10 Minuten goldgelb backen.

4. Das Gebäck abkühlen lassen. Jeweils 2 Spargelköpfe in eine Scheibe Lachsschinken einrollen und das Ganze schräg auf jedes Schweinsöhrchen legen. Daneben einen Tupfer Mayonnaise setzen. Die Tomaten waschen, halbieren und je eine Hälfte zu den Mayonnaisetupfern legen. Jedes Schweinsöhrchen mit etwas Kresse garnieren.

Käsezopf

Für 1 Zopf
Zubereitungszeit
ca. 1 Std.
Zeit zum Gehen
ca. 2 Std.
Backzeit
ca. 40 Min.

500 g Weizenmehl Type 405
42 g frische Hefe (1 Würfel)
250 ml lauwarme Milch
1 Prise Zucker
je 1 Bd. Petersilie und Schnittlauch
2 Zwiebeln
200 g Tilsiter
100 g durchwachsener Räucherspeck
2 Eier
1 TL Salz
Mehl zum Kneten
Butter für das Blech
1 Eigelb
1 EL Milch

So wird's gemacht

1. Das Mehl in eine Schüssel geben und in die Mitte eine Mulde drücken. Die Hefe in ein Rührgefäß bröckeln und darin in der lauwarmen Milch auflösen. Den Zucker unter die Mischung rühren und diese in die Mulde gießen. Mit etwas Mehl vom Rand zu einem Vorteig verrühren und diesen zugedeckt an einem warmen Ort 30 Minuten gehen lassen.
2. Die Kräuter waschen, trockenschleudern und fein wiegen. Die Zwiebeln schälen und fein hacken. Käse und Speck kleinschneiden, dann zusammen mit Kräutern sowie Zwiebeln zum Vorteig geben.
3. Die Eier und das Salz hinzufügen und alles kräftig durchkneten, bis ein glatter Teig entsteht. Diesen zur Kugel formen und zugedeckt an einem warmen Ort 1 Stunde gehen lassen.
4. Den Teig erneut gut durchkneten, dann in 3 gleich große Portionen teilen und diese jeweils zu einer 30 cm langen Rolle formen. Die drei Rollen zu einem Zopf flechten. Ein Backblech mit Butter bestreichen, den Zopf darauflegen und zugedeckt 30 Minuten gehen lassen.
5. Den Backofen auf 180 °C vorheizen. Das Eigelb mit der Milch verquirlen und den Zopf damit bestreichen. Den Käsezopf im Ofen etwa 40 Minuten backen.

Tip ▬▬▬▬▬▬▬

Auf Seite 21 können Sie nachlesen, wie man einen Zopf flicht.

Käsetaschen

Für ca. 8 Stück
Zubereitungszeit
ca. 1 Std.
Zeit zum Ruhen
ca. 2 Std.
Backzeit
ca. 20 Min.

Für den Teig:

220 g Weizenmehl Type 405

100 ml eiskaltes Wasser

220 g kalte Butter

1 TL Salz

Mehl zum Ausrollen

Für die Füllung:

600 g Lauch, 1 EL Distelöl

100 g roher, gewürfelter Schinken

weißer Pfeffer aus der Mühle

edelsüßes Paprikapulver

200 g Valbrie (Camembert)

1 Eigelb und 1 EL Milch

zum Bestreichen

So wird's gemacht

1. Aus den Teigzutaten, wie im Grundrezept auf Seite 24 beschrieben, einen Blätterteig herstellen. Von der Teigmenge 250 g abnehmen, den Rest einfrieren. Den Teig auf bemehlter Arbeitsfläche dünn ausrollen und in 8 gleich große Quadrate schneiden.

2. Den Lauch putzen, waschen, kleinschneiden und im Öl andünsten. Den Schinken dazugeben. Mit Pfeffer und Paprikapulver würzen. Den Käse würfeln und unterheben. Die Füllung auf die Teigquadrate verteilen. Das Eigelb mit der Milch verquirlen und die Teigränder damit bestreichen.

3. Den Backofen auf 180 °C vorheizen. Die Teigquadrate zu Dreiecken zusammenklappen, die Ränder jeweils mit einer Gabel eindrücken und die Teigtaschen nochmals mit Eigelb bestreichen. Auf 2 kalt abgespülte Backbleche geben und im Ofen etwa 20 Minuten backen.

Schinkentaschen

Für ca. 20 Stück
Zubereitungszeit
ca. 1 Std.
Zeit zum Gehen
ca. 1 Std.
Backzeit
ca. 25 Min.

250 g Weizenmehl Type 405
21 g frische Hefe (ca. 1/2 Würfel)
100 ml lauwarmes Wasser
1 TL Salz
250 g Magerquark
250 g weiche Butter
250 g gekochter Schinken
2 geriebene Zwiebeln
2 EL gehackte Petersilie
1 Msp. edelsüßes Paprikapulver

So wird's gemacht
1. Das Mehl in eine Schüssel geben und in die Mitte eine Mulde drücken. Die Hefe hineinbröckeln und das lauwarme Wasser dazugeben. Mit etwas Mehl vom Rand zu einem Vorteig verrühren und diesen zugedeckt an einem warmen Ort 30 Minuten gehen lassen.
2. Salz, Quark sowie Butter zum Vorteig geben und das Ganze zu einem glatten Teig verkneten. Zugedeckt 1 Stunde gehen lassen.
3. Schinken fein würfeln und mit Zwiebeln, Petersilie und Paprikapulver vermengen. Den Teig 5 mm dick ausrollen, 20 Quadrate oder Kreise (10 cm Ø) ausschneiden und jeweils mit Füllung belegen.
4. Den Backofen auf 225 °C vorheizen. Die Teigränder mit Wasser bestreichen, Quadrate oder Kreise zu Halbmonden oder Taschen zusammenklappen und auf ein kalt abgespültes Blech legen. Das Gebäck im Ofen etwa 25 Minuten backen.

(auf dem Foto: oben)

Hefekrapfen

Für ca. 14 Stück
Zubereitungszeit
ca. 1 Std. 30 Min.
Zeit zum Gehen
ca. 1 Std.
Backzeit
ca. 15 Min.

500 g Weizenmehl Type 405
30 g frische Hefe (ca. 3/4 Würfel)
200 ml lauwarme Milch, Salz
abgeriebene Schale von 1/2 unbehandelten Zitrone, 2 Eier
1 Eigelb, 3 EL zerlassene Butter
3 EL Olivenöl
3 zerriebene Zwiebeln
500 g Rinderhackfleisch
1 gewürfelte, rote Paprikaschote
6 EL trockener Rotwein
200 g geschälte Tomaten (aus der Dose)
schwarzer Pfeffer aus der Mühle
edelsüßes Paprikapulver
Butter für das Blech
2 verquirlte Eigelb zum Bestreichen

So wird's gemacht
1. Mehl in eine Schüssel geben. Hefe dazubröckeln und Milch dazugeben. Zu einem Vorteig verrühren. Zugedeckt 30 Minuten gehen lassen.
2. Salz, Zitronenschale, Eier, Eigelb sowie Butter hinzufügen und alles zu einem Teig verkneten. Zugedeckt 30 Minuten gehen lassen. Öl erhitzen und Zwiebeln sowie Hackfleisch darin anbraten. Paprikaschote, Rotwein und Tomaten dazugeben und die Mischung 25 Minuten köcheln lassen. Mit Salz und Gewürzen abschmecken.
3. Teig ausrollen und 14 Kreise ausstechen. Die Füllung auf die Hälfte der Kreise verteilen, restliche Kreise darauflegen und andrücken. Den Ofen auf 225 °C vorheizen. Krapfen auf ein gefettetes Blech setzen und mit Eigelb bestreichen. Etwa 15 Minuten backen.

(auf dem Foto: unten links)

Salamihörnchen

Für ca. 20 Stück
Zubereitungszeit
ca. 45 Min
Zeit zum Gehen
ca. 1 Std.
Backzeit
ca. 20 Min.

Für den Teig:
200 g Weizenmehl Type 405
200 g Magerquark
175 g Butter, 1 Prise Salz
Für die Füllung:
200 g Salami in Scheiben
1 kleine Zwiebel
200 g Frischkäse
2 EL Sahne
schwarzer Pfeffer aus der Mühle
edelsüßes Paprikapulver
Außerdem:
Butter für das Blech
1 Eigelb zum Bestreichen

So wird's gemacht
1. Mehl auf ein Backbrett geben, in die Mitte eine Mulde drücken. Quark in einem Tuch ausdrücken und zusammen mit Butter und Salz in die Mulde geben. Alles mit einem Pfannenmesser gut durchhacken und rasch zusammenkneten. Den Teig in Alufolie wickeln und für 1 Stunde kühl stellen.
2. Die Salami würfeln. Die Zwiebel schälen, fein hacken und in einer Schüssel mit der Salami sowie mit den restlichen Zutaten für die Füllung vermengen.
3. Den Backofen auf 225 °C vorheizen. Den Teig 5 mm dick ausrollen und 20 Quadrate ausschneiden. Jedes Quadrat mit etwas Füllung belegen und dann zu einem Hörnchen aufrollen. Die Hörnchen auf ein gefettetes Backblech setzen.
4. Die Hörnchen mit Eigelb bestreichen und dann im Ofen 15 bis 20 Minuten backen.

(auf dem Foto: unten rechts)

Frischkäsetaschen

Für ca. 10 Stück
Zubereitungszeit
ca. 1 Std. 30 Min.
Zeit zum Ruhen
ca. 2 Std.
Backzeit
ca. 20 Min.

Für den Teig:

220 g Weizenmehl Type 405

100 ml eiskaltes Wasser

220 g kalte Butter, 1 TL Salz

Mehl zum Ausrollen

Für die Füllung:

200 g Frischkäse mit Kräutern

(z. B. von Bresso)

100 g Cornichons

100 g roher, gewürfelter Schinken

weißer Pfeffer aus der Mühle

edelsüßes Paprikapulver

Außerdem:

1 Eigelb zum Bestreichen

So wird's gemacht

1. Aus den Teigzutaten, wie im Grundrezept auf Seite 24 beschrieben, einen Blätterteig herstellen. Von der Teigmenge 250 g abnehmen, den Rest einfrieren. Den Teig auf bemehlter Arbeitsfläche ausrollen und 10 Kreise (10 cm Ø) ausstechen.
2. Den Backofen auf 200 °C vorheizen. Den Frischkäse in eine Schüssel geben. Die Cornichons fein würfeln und zusammen mit dem Schinken zum Frischkäse geben. Das Ganze gut vermengen und die Masse mit Pfeffer und Paprikapulver pikant abschmecken.
3. Auf jeden Teigkreis etwa 1 Eßlöffel Füllung geben. Die Kreise jeweils zu einer Tasche zusammenklappen, die Ränder mit einer Gabel leicht andrücken und dann mit verquirltem Eigelb bestreichen.
4. Ein Backblech mit kaltem Wasser abspülen. Die Frischkäsetaschen auf das Blech setzen und mit dem übrigen Eigelb bestreichen. Auf der mittleren Einschubleiste des Backofens 15 bis 20 Minuten backen. Lauwarm servieren.

Tip

Mischen Sie zusätzlich noch 100 g kleingeschnittene Pilze (Champignons, Pfifferlinge oder Shiitakepilze) unter die Füllung. Achten Sie darauf, daß Sie die Teigtaschen gut mit Eigelb versiegeln, damit die Füllung beim Backen nicht austreten kann.

Käsecroissants

Für ca. 4 Stück
Zubereitungszeit
ca. 1 Std.
Zeit zum Ruhen
ca. 2 Std.
Backzeit
ca. 15 Min.

Für den Teig:

220 g Weizenmehl Type 405

100 ml eiskaltes Wasser

220 g kalte Butter

1 TL Salz

Mehl zum Ausrollen

Für die Füllung:

200 g Frischkäse mit Kräutern

(z. B. von Bresso)

50 g gekochter, gewürfelter Schinken

1 gewürfelte Tomate

weißer Pfeffer aus der Mühle

So wird's gemacht:

1. Aus den Teigzutaten, wie im Grundrezept auf Seite 24 beschrieben, einen Blätterteig herstellen. Von der Teigmenge 300 g abnehmen, den Rest einfrieren. Den Teig auf bemehlter Arbeitsfläche dünn ausrollen und in 4 gleich große Dreiecke schneiden.

2. Den Backofen auf 220 °C vorheizen. Den Frischkäse in einer Schüssel mit dem Schinken und der Tomate vermengen. Die Masse mit Pfeffer würzen. Die Füllung auf die Dreiecke verteilen und jedes Dreieck zu einem Croissant aufrollen.

3. Die Croissants auf ein kalt abgespültes Blech setzen, mit Wasser bestreichen und im Ofen in etwa 15 Minuten knusprig backen.

Tip

Wenn es einmal schnell gehen soll, können Sie auch aufgetauten TK-Blätterteig verwenden. Diesen vor dem Füllen ausrollen.

Piroggen

Für etwa 10 Stück
Zubereitungszeit
ca. 1 Std. 45 Min.
Zeit zum Ruhen
ca. 2 Std.
Backzeit
ca. 20 Min.

Für den Teig:
220 g Weizenmehl Type 405
100 ml eiskaltes Wasser
220 g kalte Butter, 1 TL Salz
Mehl zum Ausrollen
Für die Füllung:
1 mittelgroße Zwiebel
100 g Champignons
3 EL Butterschmalz
je 1 Prise Muskatnußpulver und Pfeffer
2 EL gehackte Petersilie
Außerdem:
1 Eigelb
1 Eiweiß

So wird's gemacht
1. Aus den Teigzutaten, wie im Grundrezept auf Seite 24 beschrieben, einen Blätterteig herstellen. Von der Teigmenge 300 g abnehmen, den Rest einfrieren.
2. Für die Füllung die Zwiebel schälen und fein würfeln. Die Champignons waschen, putzen und blättrig schneiden. Das Butterschmalz in einer Pfanne erhitzen, Zwiebel und Champignons darin anbraten. Dann mit Muskatnuß sowie Pfeffer würzen und die Petersilie unterrühren. Die Zwiebel-Champignon-Masse abkühlen lassen und mit etwas Eigelb vermischen.
3. Den Backofen auf 225 °C vorheizen. Den Teig auf einer bemehlten Arbeitsfläche dünn ausrollen. Die Teigplatte in 10 gleich große Quadrate schneiden. Auf jedes Quadrat etwas Füllung geben, die Ränder mit Eiweiß bestreichen und jedes Quadrat in der Mitte zusammenklappen, so daß ein Dreieck entsteht.
4. Die Piroggen auf ein mit kaltem Wasser abgespültes Blech setzen, mehrmals einstechen und mit dem restlichen Eigelb bestreichen. In den Ofen geben und 15 bis 20 Minuten backen.

Tip

Piroggen sind osteuropäische Backspezialitäten und können verschieden gefüllt werden. Zum Beispiel mit einer Hackfleisch-Champignon-Füllung. Braten Sie das Hackfleisch zusammen mit Zwiebeln und Champignons kräftig an. Braten Sie in einer anderen Pfanne 100 g feingewürfelte Rinderleber an und vermischen Sie die Leber mit dem Hackfleisch. Würzen Sie die Füllung mit je 1 Eßlöffel Tomatenmark und Tomatenketchup.

Quarktaschen mit Käse

Für ca. 4 Stück
Zubereitungszeit
ca. 1 Std.
Zeit zum Ruhen
ca. 1 Std.
Backzeit
ca. 20 Min.

250 g Weizenmehl Type 405
2 Msp. Backpulver
250 g eiskalte Butter
250 g Magerquark
1 Prise Salz
Mehl zum Kneten
200 g frisch geriebener Gouda
1 Eigelb zum Bestreichen

So wird's gemacht

1. Das Mehl mit dem Backpulver vermischen und auf ein Backbrett sieben. In die Mitte eine Mulde drücken. Die Butter in Flöckchen auf den Muldenrand geben. Den Quark in einem Küchentuch ausdrücken und zusammen mit dem Salz in die Mulde geben.

2. Die Zutaten möglichst rasch zu einem Teig verkneten. Diesen zur Kugel formen, in Alufolie wickeln und im Kühlschrank gute 30 Minuten ruhen lassen.

3. Dann den Teig auf bemehlter Arbeitsfläche zu einem langen schmalen Stück ausrollen, die Schmalseiten zur Mitte hin einschlagen und zur offenen Seite hin ausrollen. Diesen Vorgang zwei- bis dreimal wiederholen und den Teig zwischendurch jeweils für 15 Minuten kühl stellen. Den Backofen auf 225 °C vorheizen.

4. Den Teig erneut ausrollen und in 8 gleich große Quadrate schneiden. Bei 4 Quadraten in der Mitte ein Blümchen ausstechen, auf die restlichen Quadrate den Käse streuen.

5. Die Blümchenquadrate auf die mit Käse bestreuten setzen, die Ränder jeweils leicht andrücken und mit Wasser bestreichen.

6. Die Quarktaschen auf ein mit kaltem Wasser abgespültes Blech setzen und mit Eigelb bestreichen. Dann im Ofen 15 bis 20 Minuten backen.

Gefülltes Baguette

Für 1 Baguette
Zubereitungszeit
ca. 1 Std.
Zeit zum Gehen
ca. 1 Std. 10 Min.
Backzeit
ca. 20 Min.

Für den Teig:

15 g frische Hefe (ca. ¹/₃ Würfel)
1 Prise Zucker
3–4 EL lauwarmes Wasser
170 g Weizenmehl Type 405
1 Prise Salz
125 ml lauwarme Milch
1 EL Öl
Mehl zum Kneten
Butter für das Blech

Für die Füllung:

100 g Frischkäse
(z.B. von Du darfst)
2 hartgekochte, feingewürfelte Eier
4 EL weiche Butter
1 EL gehackte, gemischte Kräuter
2 TL grüner Pfeffer (aus dem Glas)
50 g gewürfelter Lachsschinken
50 g gewürfelter Gouda

So wird's gemacht

1. Die Hefe und den Zucker im lauwarmem Wasser auflösen. Die Mischung in eine Schüssel geben. Das Mehl dazusieben. Unter Rühren Salz, Milch und Öl hinzufügen. Alles gut und so lange verkneten, bis der Teig Blasen wirft und sich vom Schüsselrand löst. Den Teig zugedeckt an einem warmen Ort 45 Minuten gehen lassen, bis sich sein Voulmen verdoppelt hat.

2. Den Teig auf einer bemehlten Arbeitsfläche zu einer etwa 40 cm langen Rolle formen. Die Rolle auf ein gefettetes Backblech legen und zugedeckt 25 Minuten gehen lassen. Den Backofen auf 220 °C vorheizen.

3. Eine feuerfeste, mit Wasser gefüllte Schale in den Ofen stellen. Das Baguette mehrmals diagonal einschneiden und 15 bis 20 Minuten backen. Dann mit Wasser bestreichen, abkühlen lassen und bis auf einen 1 cm breiten Rand aushöhlen.

4. Die Zutaten für die Füllung vermischen und die Masse in das Baguette füllen. Dabei kräftig hineinpressen. Das Baguette in Alufolie wickeln, kühl stellen und dann in Scheiben geschnitten servieren.

Tip

Am besten backen Sie das Baguette 1 Tag bevor Sie es füllen. Das frisch gebackene Brot läßt sich nur schwer aushöhlen und könnte dabei brechen.

Gefülltes Sesambrot

Für 1 Brot
Zubereitungszeit
ca. 1 Std.
Zeit zum Gehen
ca. 1 Std.
Backzeit
ca. 45 Min.

250 g Weizenmehl Type 405
150 g Weizenvollkornmehl
42 g frische Hefe (1 Würfel)
1 TL Zucker
1 TL Salz
250 ml lauwarme Buttermilch
(z. B. von MÜLLER)
1 EL Distelöl
1 mittelgroße, gehackte Zwiebel
150 g gewürfeltes Rauchfleisch
Butter für das Blech
2 EL Sesamsamen zum Bestreuen

So wird's gemacht
1. Die Mehle in einer Schüssel vermischen, in die Mitte eine Mulde drücken. Hefe hineinbröckeln, Zucker, Salz und Buttermilch hinzufügen und einen Vorteig rühren. Diesen zugedeckt an einem warmen Ort 30 Minuten gehen lassen. Dann das Ganze zu einem glatten Teig verkneten und diesen nochmals 30 Minuten gehen lassen.
2. Inzwischen das Öl erhitzen und Zwiebel sowie Rauchfleisch darin anbraten. Abkühlen lassen. Teig zu einem Rechteck ausrollen, die Rauchfleisch-Zwiebel-Masse darauf verteilen und den Teig zu einer Rolle aufrollen.
3. Den Backofen auf 200 ℃ vorheizen. Die Rolle auf ein gefettetes Blech legen, mit Wasser bestreichen und mit Sesamsamen bestreuen. Im Ofen etwa 45 Minuten backen.

Champignonpastete

Für ca. 4 Stück
Zubereitungszeit
ca. 1 Std. 30 Min.
Zeit zum Ruhen
ca. 2 Std.
Backzeit
ca. 15 Min.

Für den Teig:
220 g Weizenmehl Type 405
100 ml eiskaltes Wasser
220 g kalte Butter
1 TL Salz
Mehl zum Ausrollen
Für die Füllung:
500 g Champignons
500 g grüner Spargel
500 ml Hühnerbrühe
(aus Instantpulver)
2 EL Butter
4 EL Mehl
250 g Sahne

2 frische Eigelb
weißer Pfeffer aus der Mühle
1 EL Zitronensaft
Außerdem:
Petersilie zum Garnieren

So wird's gemacht

1. Aus den Teigzutaten, wie im Grund-rezept auf Seite 24 beschrieben, ei-nen Blätterteig herstellen. Von der Teigmenge 300 g abnehmen, den Rest einfrieren.
2. Für die Füllung die Champignons und den Spargel waschen, die Pilze vierteln, den Spargel in schräge Scheiben schneiden. Die Hühner-brühe erhitzen und den Spargel dar-in 5 Minuten garen. Dann abgießen und die Brühe dabei auffangen.
3. Die Butter in einem Topf erhitzen und die Pilze darin andünsten. Mit Mehl bestäuben, mit Hühnerbrühe ablöschen und dann die Sahne mit einem Schneebesen einrühren.

4. Das Ganze 2 Minuten kochen las-sen, dann den Topf vom Herd neh-men und die Eigelbe unterziehen. Den Spargel hinzufügen und die Fül-lung mit Salz, Pfeffer und Zitronen-saft abschmecken. Warm halten.
5. Den Backofen auf 200 °C vorheizen. Den Teig dünn ausrollen und in 4 gleich große Quadrate teilen. Je-des Quadrat mit Hilfe eines Glases zu einer runden Pastetenform for-men. Aus den Teigresten Deckel formen.
6. Die Pasteten auf ein kalt abgespültes Blech setzen und im Ofen 10 bis 15 Minuten backen. Danach sofort mit der Spargel-Champignon-Masse fül-len und servieren. Mit Petersilien-blättchen garnieren.

Tofupastete

Für ca. 4 Stück
Zubereitungszeit
ca. 1 Std. 30 Min.
Zeit zum Ruhen
ca. 2 Std.
Backzeit
ca. 15 Min.

Für den Teig:
220 g Weizenmehl Type 405
100 ml eiskaltes Wasser
220 g kalte Butter
1 TL Salz
Mehl zum Ausrollen
Für die Füllung:
350 ml Gemüsebrühe
(aus Instantpulver)
175 g rote Linsen
1 TL gehackter Koriander
250 g Tofu
3 EL Sojasauce (z. B. von Kikkoman)
schwarzer Pfeffer aus der Mühle

etwas Zitronensaft
je 1 Bd. feingehackte Petersilie
und feingehackter Schnittlauch
Außerdem:
1 Eigelb
3 EL Sesamsamen zum Bestreuen

So wird's gemacht
1. Aus den Teigzutaten, wie im Grundrezept auf Seite 24 beschrieben, einen Blätterteig herstellen. Von der
   Teigmenge 300 g abnehmen, den
   Rest einfrieren.
2. Für die Füllung die Gemüsebrühe
   aufkochen, die Linsen und den Koriander einstreuen und zugedeckt
   bei milder Hitze etwa 20 Minuten
   köcheln lassen. Die Linsen auf einem Sieb abtropfen lassen und dann
   in eine Schüssel geben.
3. Den Tofu 5 Minuten in kaltem Wasser ruhen lassen, dann in 2 cm
   große Würfel schneiden und mit
   den Linsen vermengen. Sojasauce,

Pfeffer, Zitronensaft sowie Kräuter
hinzufügen und das Ganze sehr gut
vermischen.
4. Den Backofen auf 200 °C vorheizen.
   Den Teig auf einer leicht bemehlten
   Arbeitsfläche dünn ausrollen. Dann
   12 gleich große Quadrate ausschneiden und die Ränder mit etwas Wasser befeuchten.
5. Jeweils etwas Tofu-Linsen-Mischung
   auf die Teigstücke geben. Je 4 Stück
   zu Dreiecken, Säckchen und Brief-
   umschlägen falten. Die Ränder fest
   andrücken. Aus den Teigresten De-
   korationen formen, ausschneiden
   und mit etwas Wasser an den Pasteten festkleben.
6. Die Pasteten auf ein mit Backpapier
   belegtes Blech legen. Das Eigelb verquirlen und die Pasteten damit bestreichen. Mit Sesamsamen bestreu-
   en. Die Pastetchen auf der mittleren
   Einschubleiste des Ofens 10 bis 15
   Minuten backen.

Rezeptverzeichnis

Zum Thema Kochen sind bei Bassermann bereits erschienen:

„Kalte Küche" (ISBN 3-8094-0117-X)

„Salate" (ISBN 3-8094-0126-9)

„Köstliche asiatische Küche" (ISBN 3-8094-0134-X)

„Spaghetti, Tortellini & Co." (ISBN 3-8094-0175-7)

„Das neue Backbuch" (ISBN 3-8094-0187-0)

Der Verlag dankt folgenden Firmen für die freundliche Unterstützung bei der Entstehung dieses Buches:
AMC Handelsgeschaft mbH, Bingen; Bauknecht Hausgeräte, Stuttgart; Robert Bosch Hausgeräte GmbH, München; Bresso; Campari Deutschland GmbH, München; CMA Deutscher Käse, Bonn; Deutsche Brot- und Backindustrie, Düsseldorf; Deutsches Brotmuseum, Ulm; Deutsche Champignons; Du darfst; Ernährungsberatung LDH e.V., Frankfurt; Informationsbüro Sojaöl, Hamburg; Kikkoman Trading Europe GmbH, Düsseldorf ; Peter Kölln, Köllnflockenwerke, Elmshorn; Molkerei Alois Müller GmbH & Co., Aretsried; Sanella; Thomy; USA-Sonnenblumenkerne, Bismarck, North Dakota/USA

ISBN 3 8094 0245 1

© 1996 / 1997 by Bassermann'sche Verlagsbuchhandlung, 65527 Niedernhausen/Ts.

Umschlaggestaltung: Peter Udo Pinzer
Titelbilder: TLC-Foto-Studio GmbH, Velen-Ramsdorf (vorne und hinten)
Fotos: S. 5, 9, 10, 11: **AMC Handelsgesellschaft mbH**, Bingen; S. 17: **Bauknecht Hausgeräte**, Stuttgart; S. 15; 106, 107, 120: **Robert Bosch Hausgeräte GmbH**, München; S. 130, 150, 151: **Bresso**; S. 144: **Campari Deutschland GmbH**, München; S. 146: **CMA Deutscher Käse**, Bonn; S. 68, 91, 105: **Deutsche Brot- und Backindustrie**, Düsseldorf; S. 6, 7: **Deutsches Brotmuseum**, Ulm; S. 156: **Deutsche Champignons**; S. 134/135, 154: **Du darfst**; S. 131: **Ernährungsberatung LDH e.V.,** Frankfurt; S. 140, 141: **Informationsbüro Sojaöl,** Hamburg; S. 157: **Kikkoman Trading Europe GmbH,** Düsseldorf; S. 26/27, 40, 41, 44, 45, 72/73, 79, 108/109, 111, 125, 137: **Peter Kölln, Köllnflockenwerke,** Elmshorn; S. 31, 32, 43, 53, 55, 57, 77, 85, 90, 110, 116, 117, 121, 143, 155: **Molkerei Alois Müller GmbH & Co.,** Aretsried; S. 1, 2, 39, 49, 50/51, 100, 115: **Sanella**; S. 145: **Thomy**; S. 132, 133: **USA-Sonnenblumenkerne, Bismarck,** North Dakota/USA; alle anderen Fotos: **Archiv/TLC.**
Gestaltung und Layout: Bernd Walser Buchproduktion, München
Redaktion: Dr. Reitter & Partner GmbH, D-85591 Vaterstetten
Produktion: Dr. Reitter & Partner GmbH, D-85591 Vaterstetten

Satz: Dr. Reitter & Partner GmbH, D-85591 Vaterstetten
Gesamtkonzeption: Bassermann'sche Verlagsbuchhandlung, D-65527 Niedernhausen/Ts.

817 2635 44